小田急沿線ディープなふしぎ発

浜田弘明・監修
Hiroaki Hamada

JIPPI Compact

実業之日本社

はじめに

本書は、二〇一五年一月に刊行した、『小田急沿線の不思議と謎』の第二弾にあたるものである。前著は、お陰様で好評を得て、発行後間もなく三刷りを重ねた。それから三年余りが過ぎ、小田急とその沿線の様子も変わってきた。

神奈川県に生まれ育ち、そして現在も住んでいる私にとって、今も小田急線は生活に欠かせない存在である。私が生まれ育った海老名では、その後二〇一五年一〇月、駅西口に三井ショッピングパーク「ららぽーと海老名」がオープンし、海老名駅前の商業地化は一層進展した。ららぽーととしては全国一〇店舗目、神奈川県内では横浜に次ぐ二店舗目となる。延床面積は一二万平方メートルを超え、売り場面積も四万平方メートルを超える、巨大ショッピングセンターの誕生となった。

本書の冒頭でも紹介しているが、小田急電鉄においては、二〇一八年三月に三〇年近い歳月をかけて進めてきた、代々木上原~登戸間の複々線化工事がようやく完了し、ラッシュ時の混雑と所用時間が大きく緩和された。また、二〇一七年にはロマンスカー誕生六〇周年を迎え、小田急ではそれを記念して、二〇一八年三月に新型ロマンスカーGSEを投入した。前年二〇一七年の、ロマンスカーEXEを進化・リニューアルさせたEXEαの投入に続くものである。この複々線化事業の完成と、新型ロマンスカーの投入により、小田急の長年の念願であった、新宿〜小田原間の所要時間一時間の壁をついに破り、五九分で結ばれることとなった。

小田急線は開通当初、山林や田畑の中を貫く、箱根・江の島への観光旅客輸送的要素が強い鉄道路線であった。しかし高度経済成長期になると、新宿駅と直結していることから、沿線には多数の公団住宅や公営団地が建設され人口は急増し、神奈川都民と呼ばれるサラリーマンを輸送する通勤路線へと変貌し、沿線の風景は現在もなお変化を続けている。

本書は、前書の『小田急沿線の不思議と謎』と同様、いわゆる鉄道本とは異なり、小田急沿線にまつわる歴史的事象や意外な地理の謎など全六一項目を、「路線と駅の謎」「箱根・湘南・大山の巡り方」「沿線の街と隠れ名所」「沿線の交通史」「『駅名・地名』誕生の裏側」の五章にカテゴライズし、紹介したものである。

各章や項目は、それぞれ独立して書かれているので、順序は気にせず、まずは興味を持った面白そうな項目から読むことをお勧めしたい。本書を片手に、いつもとは少し違った小田急沿線の散策をしてみるのはいかがだろうか。

二〇一八年四月

浜田弘明

小田急電鉄路線図

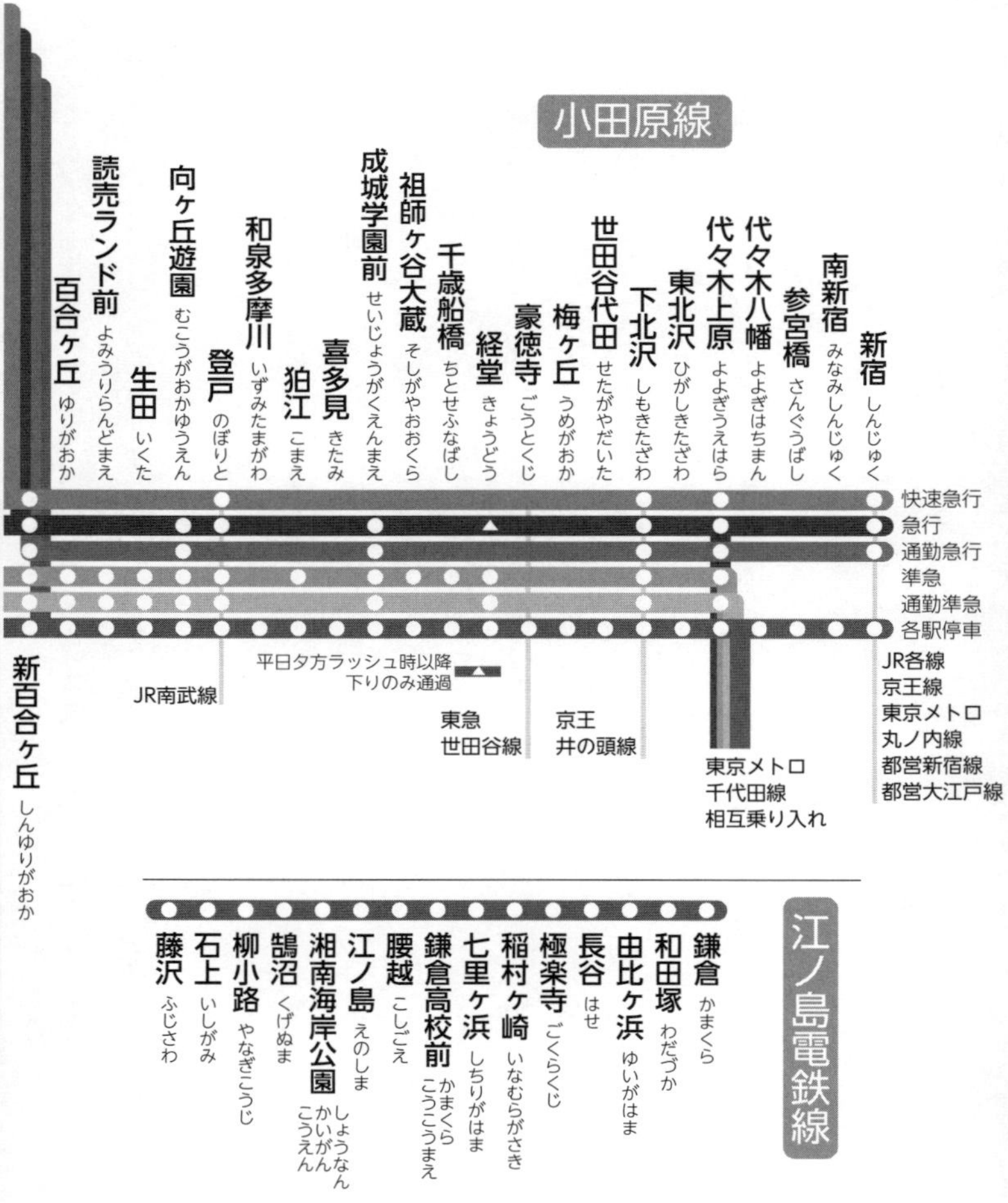
小田原線
新宿《しんじゅく》
南新宿《みなみしんじゅく》
参宮橋《さんぐうばし》
代々木八幡《よよぎはちまん》
代々木上原《よよぎうえはら》
東北沢《ひがしきたざわ》
下北沢《しもきたざわ》
世田谷代田《せたがやだいた》
梅ヶ丘《うめがおか》
豪徳寺《ごうとくじ》
経堂《きょうどう》
千歳船橋《ちとせふなばし》
祖師ヶ谷大蔵《そしがやおおくら》
成城学園前《せいじょうがくえんまえ》
喜多見《きたみ》
狛江《こまえ》
和泉多摩川《いずみたまがわ》
登戸《のぼりと》
向ヶ丘遊園《むこうがおかゆうえん》
生田《いくた》
読売ランド前《よみうりらんどまえ》
百合ヶ丘《ゆりがおか》
新百合ヶ丘《しんゆりがおか》
快速急行
急行
通勤急行
準急
通勤準急
各駅停車
平日夕方ラッシュ時以降
下りのみ通過
JR南武線
東急
世田谷線
京王
井の頭線
東京メトロ
千代田線
相互乗り入れ
JR各線
京王線
東京メトロ
丸ノ内線
都営新宿線
都営大江戸線
江ノ島電鉄線
鎌倉《かまくら》
和田塚《わだづか》
由比ヶ浜《ゆいがはま》
長谷《はせ》
極楽寺《ごくらくじ》
稲村ヶ崎《いなむらがさき》
七里ヶ浜《しちりがはま》
鎌倉高校前《かまくらこうこうまえ》
腰越《こしごえ》
江ノ島《えのしま》
湘南海岸公園《しょうなんかいがんこうえん》
鵠沼《くげぬま》
柳小路《やなぎこうじ》
石上《いしがみ》
藤沢《ふじさわ》

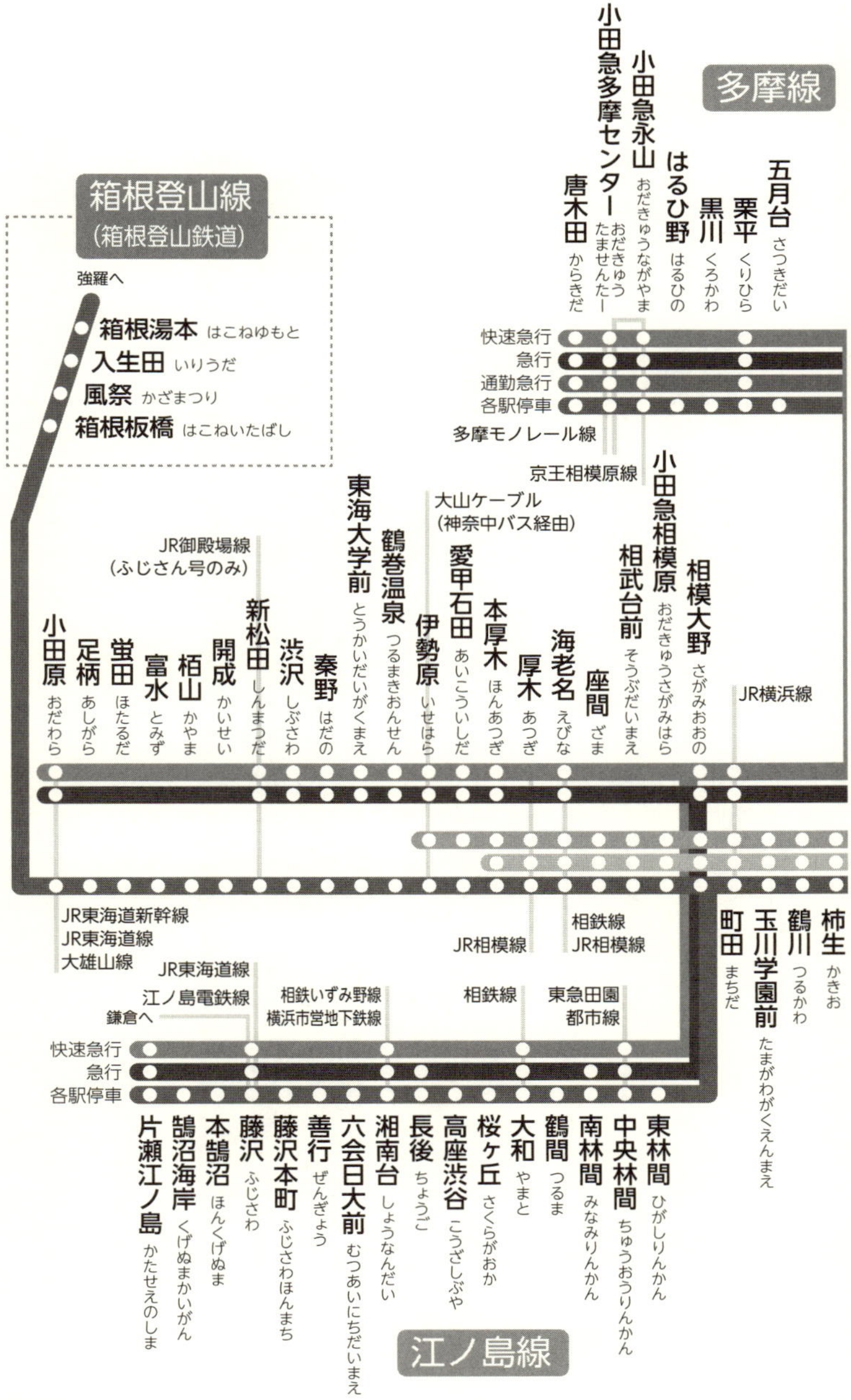

多摩線
小田急多摩センター おだきゅうたませんたー
小田急永山 おだきゅうながやま
唐木田 からきだ
はるひ野 はるひの
黒川 くろかわ
栗平 くりひら
五月台 さつきだい
快速急行
急行
通勤急行
各駅停車
多摩モノレール線
京王相模原線
箱根登山線
（箱根登山鉄道）
強羅へ
箱根湯本 はこねゆもと
入生田 いりうだ
風祭 かざまつり
箱根板橋 はこねいたばし
大山ケーブル
（神奈中バス経由）
JR御殿場線
（ふじさん号のみ）
小田原 おだわら
足柄 あしがら
螢田 ほたるだ
富水 とみず
栢山 かやま
開成 かいせい
新松田 しんまつだ
渋沢 しぶさわ
秦野 はだの
東海大学前 とうかいだいがくまえ
鶴巻温泉 つるまきおんせん
伊勢原 いせはら
愛甲石田 あいこういしだ
本厚木 ほんあつぎ
厚木 あつぎ
海老名 えびな
座間 ざま
相武台前 そうぶだいまえ
小田急相模原 おだきゅうさがみはら
相模大野 さがみおおの
JR横浜線
町田 まちだ
玉川学園前 たまがわがくえんまえ
鶴川 つるかわ
柿生 かきお
JR東海道新幹線
JR東海道線
大雄山線
JR相模線
相鉄線
JR相模線
JR東海道線
江ノ島電鉄線
鎌倉へ
相鉄いずみ野線
横浜市営地下鉄線
相鉄線
東急田園
都市線
快速急行
急行
各駅停車
片瀬江ノ島 かたせえのしま
鵠沼海岸 くげぬまかいがん
本鵠沼 ほんくげぬま
藤沢 ふじさわ
藤沢本町 ふじさわほんまち
善行 ぜんぎょう
六会日大前 むつあいにちだいまえ
湘南台 しょうなんだい
長後 ちょうご
高座渋谷 こうざしぶや
桜ヶ丘 さくらがおか
大和 やまと
鶴間 つるま
南林間 みなみりんかん
中央林間 ちゅうおうりんかん
東林間 ひがしりんかん
江ノ島線

小田急沿線のディープなふしぎ発見《目次》

第一章 小田急のいまをディープに読み解く！路線と駅の謎

01

第二章 新しい発見がいっぱい 箱根・湘南・大山の巡り方

02

第三章 思わず途中下車してしまう沿線の街と隠れ名所をぶら散歩

03

第四章 小田急を支えた知られざる沿線の交通史

04

第五章　意外！「駅名・地名」誕生の裏側

05

◎凡例　各項目見出し下には、最寄駅の駅名と小田急電鉄の駅ナンバリングが示されています。アルファベットは、OH＝小田原線（箱根登山線を含む）、OE＝江ノ島線を、数字は路線別の駅番号をあらわしています。特定の駅を取り上げない項目では、各路線名を明示しています。また本書では小田急電鉄だけでなく、小田急電鉄を使って行く観光地の路線（箱根登山鉄道、江ノ島電鉄、大山観光電鉄）も対象としています。

カバーデザイン・イラスト／杉本欣右
本文レイアウト／Ｌｕｓｈ！
本文図版／イクサデザイン

第一章

小田急のいまをディープに読み解く！路線と駅の謎

小田急の複々線化によって鉄道戦国時代が始まった！

多摩線

江ノ島線

　これまでの朝の通勤ラッシュ時の小田急線といえば、イライラが募る路線という印象をもつ人が多かったにちがいない。混雑率が一九二パーセントに達する区間があるうえに、新宿駅へ近づくにつれて前方の電車との距離が詰まり、急行でさえもがノロノロ運転になっていた。早くこの満員電車から逃れたいと願う通勤客にとっては苦痛の時間だった。

　朝のラッシュ時の小田急は「混雑していて遅い」というイメージが定着していたが、ダイヤ改正で一変した。平日朝の通勤時間帯（代々木上原着午前六時～九時三〇分）において、上り電車が二一本も増便され、快速急行にいたってはこれまでの三本が二八本に大きく増えた。千代田線への乗り入れも、一七本増の二八本となり、新宿や大手町などの主要オフィス街へのアクセスがぐっと良くなった。

　こんなに増やすと、過密運転となり、ますますノロノロ運転になるのでは、と思ってしまうだろう。しかし、二〇一八年（平成三〇）三月に複々線化が完成し、東北沢～和泉多摩川間の線路が上下線で四本に増えている。これにより、増発が可能になったのである。

複々線化は、小田急が構想開始から五〇年、着工から三〇年という長い年月をかけて行なってきた一大事業で、すでに完成していた区間も含め、代々木上原〜登戸間の一一・七キロメートルが複々線化した。

この工事により、朝の小田急はまさに生まれかわった。ダイヤ改正のポイントは、「列車の増発による混雑緩和」「所要時間短縮」「乗り換えなしで都心へ」「座って快適通勤」の四つ。では、増発以外では具体的にどう変わったのだろうか。

ライバル京王・東急との真っ向勝負の行方は⁉

まず、列車の増発については先に述べた通りだが、今回のダイヤ改正で、新たに「通勤急行」「通勤準急」が加わり、千代田線区間から多摩線区間を直通していた「多摩急行」が廃止された。通勤急行とは多摩線直通列車だけに設定されているもので、従来の「急行」「多摩急行」と同じだが、新百合ヶ丘〜新宿間で登戸駅と経堂駅を通過するため、多摩線主要駅と新宿駅の所要時間が短縮されるうえ、これまでは東京メトロ千代田線に代々木上原駅で乗り入れていたものが、新宿駅到着へと変更された。

この通勤急行、通勤準急の設定は、明らかにライバルである京王電鉄を意識したものである。というのも、多摩ニュータウンにある多摩センター駅と永山駅は、小田急多摩線と京王相模原線が乗り入れ、熾烈な乗客争奪戦を繰り広げているからである。だが従来は、京王の特急が約三〇分で新宿駅と結んでいたのに対し、小田急は途中の乗換などもあり、五〇分以上もかかっていた。そのうえ料金も京王より高く、乗客争奪戦は京王に軍配があがっていた。しかし、今回のダイヤ改正によって、小田急の所要時間は最短で四〇分にまで縮まった。さらに新ダイヤでは多摩センター駅から新宿行きの始発列車を六本新設しており、始発列車ができたことで座りやすくなっている。時間ではまだ京王の特急に及ばないものの、小田急にとって勝負できる環境が整ったといえるだろう。

ほかにも今回のダイヤ改正では、江ノ島線の新宿直通列車が増便となり、さらに新宿始発の快速急行も増便となった。これは、中央林間駅から都心方面へ田園都市線を走らせている東急電鉄とライバル関係になることを意味している。

従来のダイヤでは、小田急の混雑を避け、中央林間駅で東急田園都市線に乗り換えて渋谷に向かう乗客が多かった。今回のダイヤ改正で大和～新宿間が乗り換えなしの快速急行によって五二分で結ばれることにより、ラッシュ時に準急を走らせる田園都市線よりも速くなった。また藤沢始発の列車を増やして、座りやすくなったことも有利に働く。

複々線化というとびきりの武器を手に、京王、東急といったライバルとの真っ向勝負に出た小田急。南関東の鉄道は戦国時代に突入したといえそうである。

多摩線延伸線とほぼ同じルートの鉄道が敷かれたことがある！

多摩線

多摩線は、一九七四（昭和四九）年に開業した、小田急でもっとも新しい路線である。小田原線の新百合ヶ丘駅から唐木田駅を結ぶ一〇・六キロメートルの短い路線だが、多摩ニュータウン内に住む人にとっては、なくてはならない生活の足だ。

その多摩線が、近い将来、ＪＲ横浜線の相模原駅、さらにＪＲ相模線の上溝駅へと延伸されることになりそうだ。以前から計画は進められていたが、二〇一六（平成二八）年四月に、国土交通省の交通政策審議会で「意義ある路線」と位置付けられたことで、一気に実現の可能性が高まった。

延伸される予定の路線が走る地域は、鉄道空白地帯となっており、都心に出るには不便を強いられている。完成すれば、相模原市をはじめとする神奈川県央エリアと町田市、さらには都心へと続く交通ネットワークが強化され、利便性は一気にアップする。まさに自治体や住民にとっては、悲願ともいうべき路線がついに完成することになったのである。

それにしても、これほど重要な路線がなぜこれまで実現していなかったのか。じつはこのルートは、大正時代から計画され、そして断念を余儀なくされてきた歴史がある。多摩線の延伸区間は、このルートにほぼ一致している。

計画が次々と破綻した幻の路線

このルートを最初に計画したのは、相武電気鉄道《そうぶでんきてつどう》という私鉄会社だった。一九二一（大正一〇）年から立ち上がった計画は、東京渋谷から溝の口、鶴川を経て、横浜線の淵野辺駅と交差し、さらに上溝、田名《たな》を経て愛川の田代《たしろ》まで至るという壮大なものだった。

しかし、これには五〇〇〇万円もの資本金が必要だったために、まずは五〇〇万円の予算で淵野辺駅から田名相模河畔に至る区間を先行して工事することにして、鉄道省に申請したのである。関東大震災で審査が滞ったものの、一九二五（大正一四）年に許可が下り、翌々年から工事が始まった。予定された途中駅は、矢部新田、上溝横山下、浅間森付近、四ツ谷石神平、久所、相模河畔だった。地元で大歓迎を受けていたことから、用地買収や資金調達などさまざまな便宜を受けて工事も進み、同年中には淵野辺～四ツ谷石神平間の工事は完了していた。

しかし、新しい鉄道を敷設するには時期が悪かった。関東大震災、世界恐慌にともなう昭和恐慌などが相次ぎ、日本経済は大打撃を受けていた。こうなると、少ない予算で路線

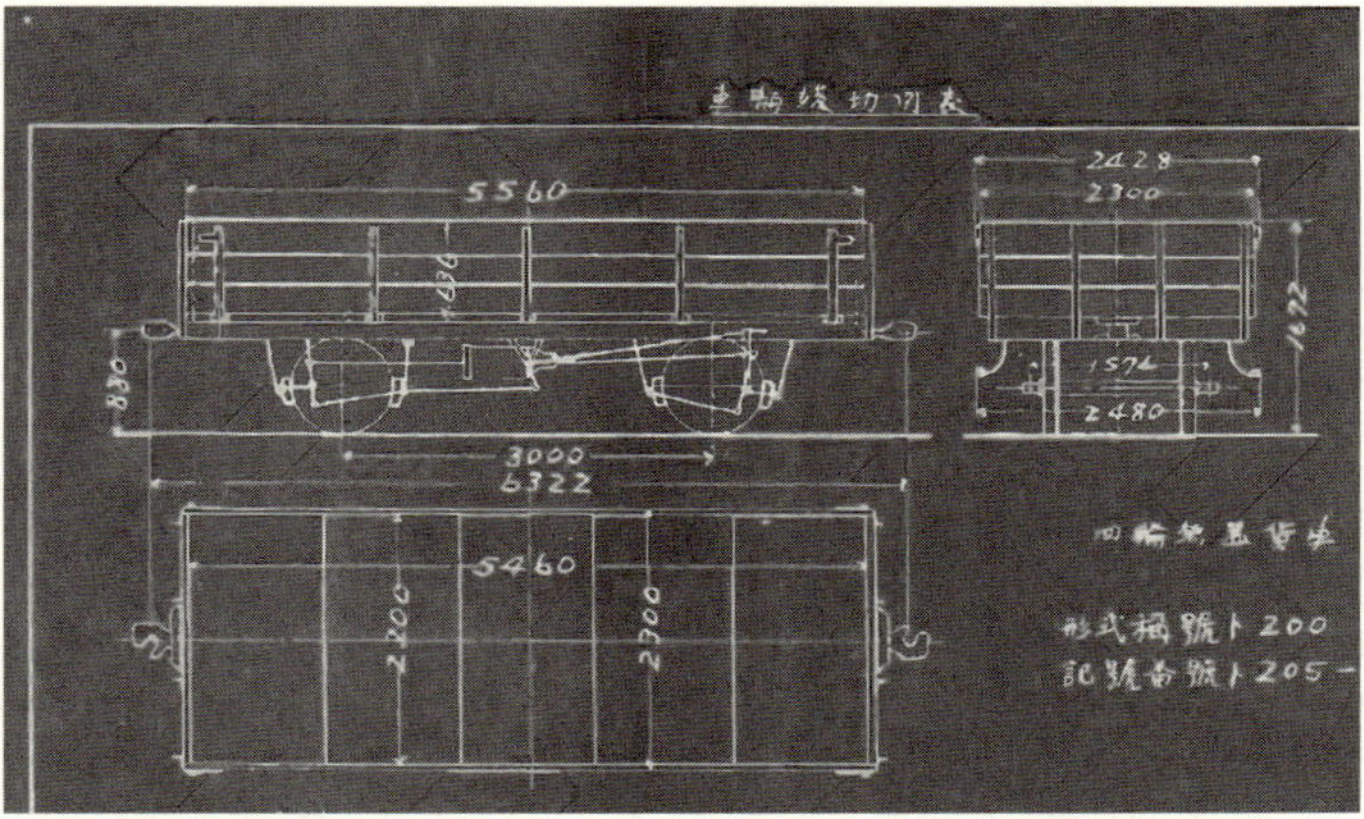

相武電気鉄道は無蓋貨車を走らせる予定ですでに新造していた(『車輌竣工ノ件』国立公文書館蔵)。

計画を立てていた相武電気鉄道は、にっちもさっちもいかなくなる。工事は続けられていたものの、下請け企業への支払いが滞ることが多くなり、結局、開業の日を迎えないまま会社が破綻したのである。

頓挫した相武電気鉄道の計画はその後、ほかの鉄道会社によって引き継がれた。『幻の相武電車と南津電車』によれば、一九四一(昭和一六)年には、相模鉄道の株式を取得した東急電鉄が、上溝駅から淵野辺駅、さらに稲木村から多摩村へと至り、西武多摩線に連絡する一九・七キロメートルの路線と、淵野辺で横浜線に連絡する一キロメートルの淵野辺支線、さらに小田急の鶴川駅に連絡する三キロメートルの鶴川支線をそれぞれ鉄道省に申請した。しかし、

小田急多摩線延伸ルートとほぼ同じルートの未成線

町田市北部と相模原市を横断する鉄道は、半分ほど敷設して未開業に終わった相武電気鉄道をはじめ、数々の鉄道計画があった場所。小田急多摩線はついにその区間に鉄道を通す予定だ。

これらの計画は太平洋戦争で資材が調達できず中止となり、そのまま終わった。

　一九五八（昭和三三）年三月には、小田急が鶴川駅から大蔵、根岸、矢部駅、上溝駅、田名、大島、津久井久保沢、城山町へ至る二四・四キロメートルの路線を計画したが、実現しなかった。さらに一九六四（昭和三九）年には多摩ニュータウン計画での鉄道路線として喜多見駅、多摩ニュータウン、橋本駅、城山町の三〇・五キロメートルの多摩新線計画を申請したが、膨大な投資が必要だったことから、現在の多摩線のルートに変更された。

　次々と計画はされたものの、結果的に実現を見なかった幻の路線。地元住民の悲願の路線が実現する日も間近である。

ＪＲ相模線(旧・相模鉄道)の上溝駅。写真奥の県道の位置に敷かれた相武電鉄は、相模鉄道と直交して高架をくぐっていた。

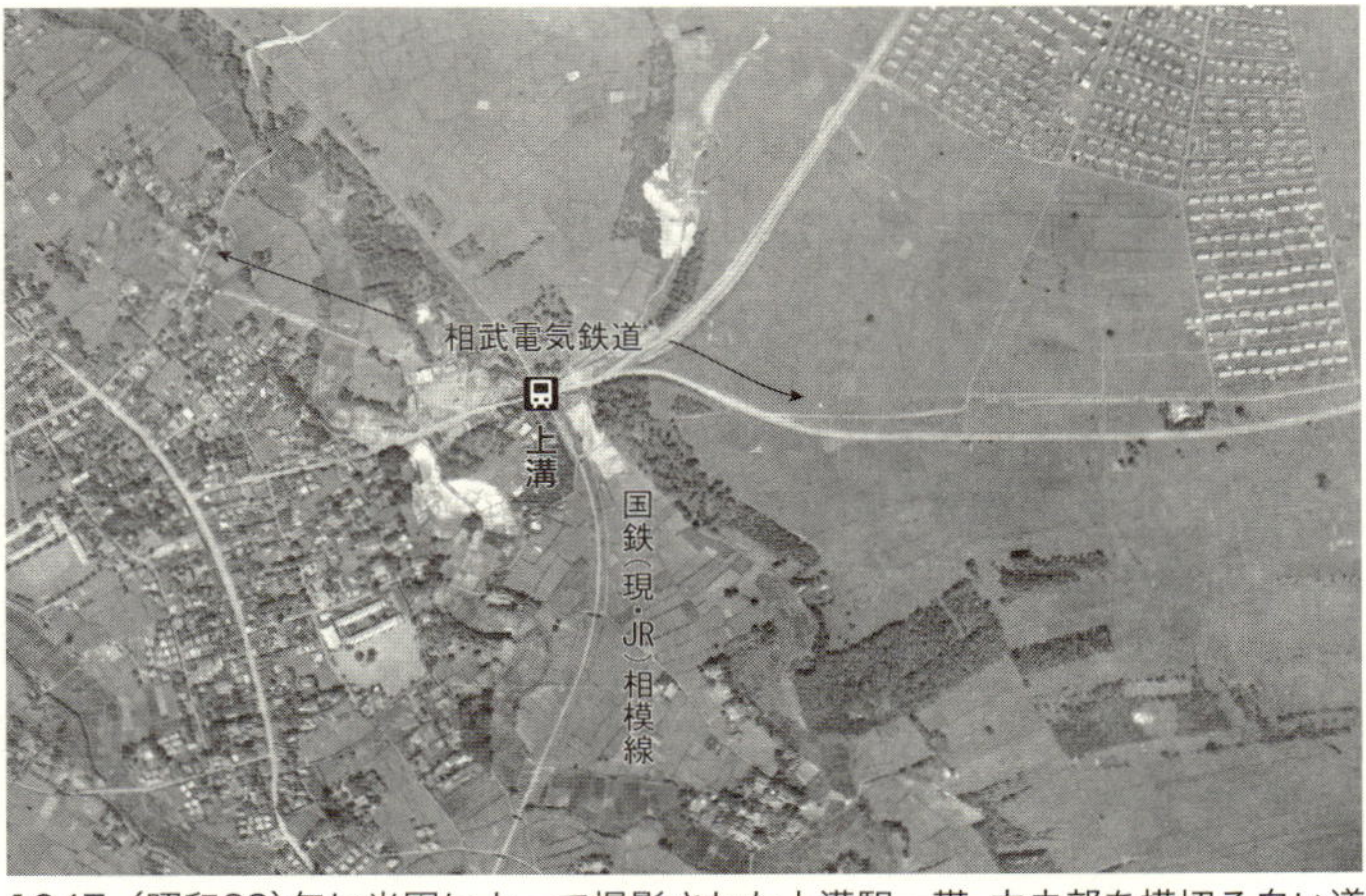

1947（昭和22)年に米軍によって撮影された上溝駅一帯。中央部を横切る白い道が相武電気鉄道跡地である(国土地理院蔵)。

ついに悲願達成！新型ロマンスカーのここがスゴい！

小田原線

小田急電鉄には、戦後直後から掲げている目標がある。それはずばり「新宿と小田原を一時間で結ぶ」というものである。

しかし、この目標は長らく達成できていなかった。技術開発を重ねてスピードアップを図っていたものの、一九六三（昭和三八）年にＮＳＥと呼ばれる三一〇〇形ロマンスカーが新宿～小田原間をノンストップで走らせて六二分という記録を打ち立てたのが最高記録だった。しかし、その後の最短所要時間は「スーパーはこね」の六六分と、逆に遅くなる。これは、沿線の開発が進んで人口が増加したことで、各駅停車や急行列車の本数が増加したためである。

しかし、その小田急の悲願が二〇一八（平成三〇）年三月、ついに達成した。複々線化と、それにともなうダイヤ改正、さらに新型特急ロマンスカー七〇〇〇〇形「ＧＳＥ」の登場によって、新宿～小田原間がついに最速五九分で結ばれたのである。七〇年以上もこだわった悲願が、ついに達成されたのである。

眺望性に優れた車体

時間の短縮も画期的だが、その車体も魅力にあふれている。ボディはバラの色を基調とした「ローズバーミリオン」で、屋根は「ルージュボルドー」と呼ばれる赤色で、前型の五〇〇〇〇形ＶＳＥの白とは対照的である。イラストや模様はほとんどなく、名称のロゴが控えめに表示されているシンプルなデザインとなっている。

その代わりに目を引くのが大きな窓で、前面の展望窓、側面の窓ともに高さが約三〇センチメートルも広がった。このおかげで、展望席の視野角が広がり、ダイナミックな景色を楽しめるようになった。また中間車両でも窓を同様に高くし、窓際座席だけでなく通路側座席からの眺望も改良された。

大きな窓にできたのは、座席上の荷物棚を、座席の下に移動したからである。眺望を楽しめるようになったほか、高い場所に荷物の上げ下ろしをしなくて済むようになった。

さらに、各座席に電源コンセントが備えられているほか、車内専用のＷｉ－Ｆｉによって現在地マップや沿線情報など、独自コンテンツを配信するサービスも行なっている。

さまざまな点で配慮された新型ロマンスカーＧＳＥの登場で、箱根への旅がますます楽しいものになることは間違いない。

わずか一キロの間に三駅も　かつての山谷駅はなぜ変な場所にできた？

小田原線　OH 02

南新宿
Minami-Shinjuku
みなみしんじゅく

小田急のターミナルである新宿駅を出発すると、列車はペデストリアンデッキ（高架の通路や広場）下の空間を走り、オフィス、住宅街に出る。急行列車では代々木上原駅までノンストップだが、各駅停車の場合、住宅街に出たところで南新宿駅に停まる。

南新宿駅は、一日の平均乗降人員数が小田急のなかでもっとも少ない。その理由は、新宿駅とは約八〇〇メートルしか離れていないという立地にある。南新宿駅が最寄りだったとしても、急行や特急が発着する新宿駅を利用する人が多いからで、なかにはＪＲの代々木駅を使う人もいる。

この南新宿駅は、新宿方面だけでなく、下り方面の参宮橋駅とも約七〇〇メートルしか離れていない。私鉄の特徴に、駅と駅との間が短いことが挙げられるが、それにしても新宿駅、南新宿駅、参宮橋駅の三つの駅はかなり近いといえる。

ところが過去をふり返ると、南新宿駅と参宮橋駅の間にはもうひとつ駅があり、現在よりもさらに駅が密集していたらしい。

踏切から撮影した山谷駅の跡地。ホーム跡の敷地は線路の両側に残り、電気系統の器材が置かれている。

山谷駅の開設と廃止の謎とは

南新宿駅のホーム端から下り方面を見ると、一〇〇メートルほど先に踏み切りが見える。その奥側の線路脇には、約二〇メートルの長さにわたり雑草が生えた器材置き場がある。

この空間が、千駄ヶ谷新田（現・南新宿）～参宮橋間にあった、山谷《さんや》駅という駅のホーム跡である。幅五メートル、長さ一七メートルほどの小さなホームで、上り線側に駅舎があったといわれる。当時の千駄ヶ谷新田駅は、現在地よりも新宿駅方面に二〇〇メートルほど寄っていたというが、それでも両駅はたった三〇〇メートルくらいしか離れていない。

さらに山谷駅から見て、もう一方の参宮橋駅との距離もわずか五〇〇～六〇〇メートルほどしかない。つまり山谷駅があった当時は、千駄ヶ谷新田駅、山谷駅、参宮橋駅と、三つの駅が一キロメートル未満の距離に存在していたことになる。

こんなにも駅間が近すぎる状態で、なぜ山谷駅は開設されたのか。その理由ははっきりしない。

この辺りには有力者が多く住んでいて、彼らが初代社長の利光鶴松《としみつつるまつ》氏に駅をつくるように請願したという話がある。あるいは、電車を敷設する際、用地買収に応じる条件として、ここに駅をつくることになっていたのではないかという話も残っている。だが史料的裏付けがなくあくまで巷説にすぎない。

この山谷駅は、開設されてから約二〇年間は稼働していた。廃止となったのが一九四六（昭和二一）年で、このときの廃止の理由も、開業の理由同様に不明である。戦時中の空襲被害で駅の復興を断念した、そもそも隣の駅と近かったため、山谷駅を利用する人はあまりいなかった、駅間距離が近く不要となった、などさまざまいわれているが、はっきりしない。

山谷駅はなぜ開業し、どうして廃止されたのか。どちらの理由も不明な、不可思議な駅だといえるだろう。

海老名国分駅の路地（手前の空き地と線路奥の器材置き場）。神中鉄道（現・相鉄本線）との乗り換えのために廃止された（Oos CC by 3.0）。

海老名駅新設にともなって廃止された海老名国分駅

小田急線で廃止された駅は、この山谷駅に加えて、海老名駅から約一・一キロメートル東側にあった海老名国分《えびなこくぶ》駅の二駅だけである。海老名国分駅の開設も山谷駅と同年の一九二七年だが、こちらの廃止は山谷駅よりも早く、一九四三（昭和一八）年である。神中鉄道《じんちゅうてつどう》（現・相鉄本線）の相模国分駅と四〇〇メートルの距離にあり、その乗換駅として使われていたが、一九四三年に両線の接続駅として、海老名駅が新設されたことにともなって廃止された。現在は山谷駅と同じく、線路脇にプラットホームのスペース跡だけが残っている。

小田原線 OH 14

成城学園前
Seijogakuen-mae
せいじょうがくえんまえ

成城学園前駅だけが真っ先に地下駅になった理由は地形にアリ！

二〇一八（平成三〇）年三月、小田原線の東北沢～和泉多摩川間の複々線化工事が完了した。複々線化事業は、一九八九（平成元）年から始まり、一九九七（平成九）年に喜多見～和泉多摩川間、二〇〇四（平成一六）年に世田谷代田～喜多見間が完成していた。今回の東北沢～世田谷代田間の複々線化により、当該区間は地下化された。

それまでは東北沢～世田谷代田間も地上線で、成城学園前駅のみが地下化されていた。成城学園前駅だけが、二〇〇二（平成一四）年にほかの駅に先駆けて地下駅になっていた。

成城学園前駅がいち早く地下化された理由は、駅周辺の地形を見るとわかる。駅の位置から見て新宿側には仙川《せんかわ》、小田原側には野川《のがわ》という、多摩川に注ぐ支流が流れている。駅周辺は、その二つの河川に挟まれた幅の狭い標高四〇・九メートルの丘の上になっている。

この特異な地形は、多摩川の流れがつくりだしたものである。駅の西側は段丘崖《だんきゅうがい》で、国《こく》分寺崖線《ぶんじがいせん》と呼ばれている。国分寺崖線とは一万～三万年前に多摩川がつくった崖のことで、立川市から国分寺市などを経由して、世田谷区から大田区へと約三〇キロメートルにわた

台地になっている成城学園前駅

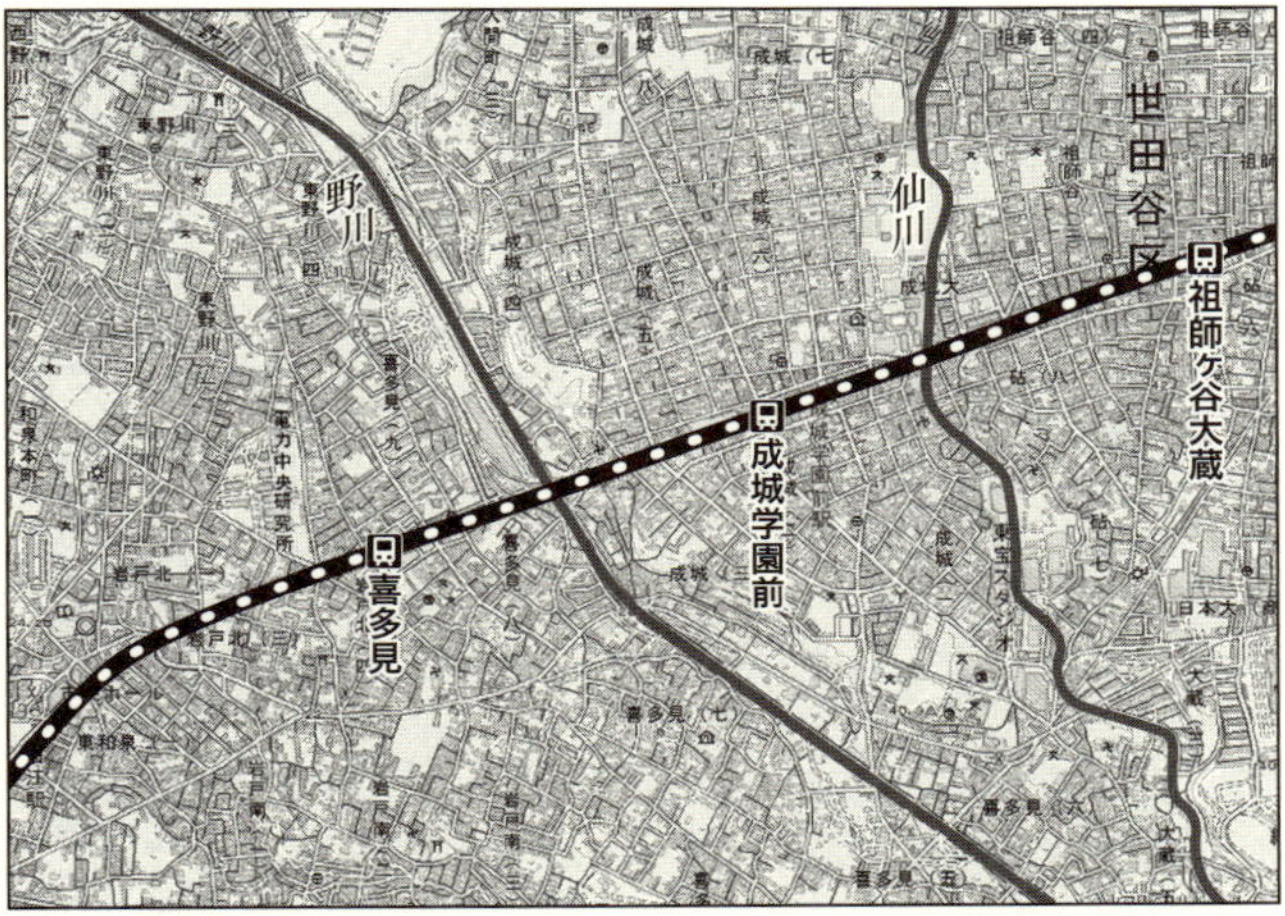

現在の成城学園前駅周辺の地形図。二つの川にはさまれた細長い台地であることがわかる(国土地理院地形図を加工して作成)。

って続く。この崖の斜面にはいくつもの湧水があり、崖下には野川が流れている。

二〇〇二年に地下化される前は、この地形を横切って線路が敷かれていた。祖師ヶ谷大蔵駅からは二五パーミルの勾配を下り、仙川を渡ると、二〇パーミルの勾配を上って成城学園前駅へ入線した。その後、線路は段丘崖を削った掘割と築堤を用いて国分寺崖線を二五パーミルの勾配で下り、野川を渡って標高二二・六メートルの喜多見駅へ入線していた。地上駅であった頃は、駅の前後に急こう配があったのである。

つまり、成城学園前駅が隣の駅との標高差が約二〇メートルもある、狭い丘の上に位置しており、この高低差を解消するために、いち早く地下化されたのである。

小田原線 OH 39

秦野
Hadano
はだの

秦野駅がある場所は厳密には秦野ではない!?

鉄道の駅が設置されることは、その地域の住民の生活が便利になることにつながる。小田急でも敷設時に多くの地域で駅の誘致運動が行なわれたが、熱烈な誘致合戦が行なわれた結果、駅の場所が住民にとって不便なところになってしまったケースがある。それが、小田原線の秦野駅である。

駅があるのは、神奈川県秦野市。市内は大きく三つの地域に分かれていて、ひとつは秦野駅周辺に広がる秦野地区、もうひとつは西側の渋沢駅を中心とした西地区、そして東側の東海大学前駅を中心とした大根《おおね》地区である。

市の中心は秦野地区で、ここは東地区（旧・東秦野村）、本町《ほんちょう》地区（旧・秦野町）、南地区（旧・南秦野村）の三つの小地区から成り立っており、大型スーパーや商店街などがある本町地区が、秦野地区の中心市街地となっている。であるならば、秦野駅はその本町地区に置かれていて当然のはずだが、実際に駅のある場所は南地区となっている。しかも、本町地区との間には、水無川《みずなしがわ》が流れていて、アクセスが良い場所とはいい難い。

各町村にひっぱりだこの駅

当然、小田急としても、できるだけ中心地に駅をつくりたいという意向はあった。そこで候補地として選んだのが、当時の秦野町内、本町地区にあった乳牛《ちゅうし》（現在の栄町周辺）だった。ところが、その場所を提案すると、町内のほかの地区が、もっと自分たちの地区に近いところに駅を設置してほしいと主張し、乳牛地区案に猛反対したのである。

これを受けて当時の町議会が小田急に対し駅設置場所の再調査を求める決議をしたところ、今度は乳牛地区が中郡《なかぐん》役所や県庁に陳情を行なうなど、乳牛地区VS他地区の様相を呈し、収拾がつかなくなっていた。

すると、この騒動を横から見ていた南秦野村が、それならば我が村へと誘致作戦を展開し始める。これを受けて小田急は、揉めている秦野町より、すんなり設置場所が決まりそうな南秦野村に駅を設置する方針に転換したのである。

ところが、いざ南秦野村に決めようとすると、今度は南秦野村のなかで、竹の下地区とカヤノ木地区で設置場所をめぐる対立が起こった。その後、秦野町からも再考を求められるなど紛糾はさらに続いたが、結局、小田急は各地区からひっぱりだこだった駅の場所を、南秦野村の竹の下地区に決定した。

駅が置かれる南秦野村の竹の下地区は、秦野町との境界部で、駅のすぐ北を流れる水無川が境であった。小田急としても、秦野地区の最大自治体だった秦野町とのアクセスを少しでも考慮したうえでの決断だった。水無川を渡らなければならないという、駅へのアクセスの悪さは、この誘致運動に起因していたのである。

秦野地区を代表する「大」秦野駅

紆余曲折はありつつも、なんとか無事に駅が設置されたが、じつは開業当時の駅名は「大秦野《おおはたの》」駅だった。秦野町に位置していないため、秦野駅という名称は使えなかった。さらにもうひとつ、小田急が開通した一九二七（昭和二）年当時、秦野には軽便鉄道の湘南軌道（一五三ページ参照）の秦野駅がすでに開設されていたという理由もあった。そこで、「大」の字を冠したうえで、読み方も現在の「はだの」ではなく「おおはたの」として、別の駅であることをアピールしたのである。

湘南軌道は一九三七（昭和一二）年に廃止され、その秦野駅もなくなったが、その後も小田急は大秦野駅のまま駅名を変えていなかった。しかし一九八七（昭和六二）年、地元から要請を受け、大秦野駅が秦野駅と改称。同時に読み方も地名に合わせて「はだの」と変え、現在に至っている。

千代田線との乗り入れ駅が代々木上原になった納得の事情

小田原線　OH 05

代々木上原
Yoyogi-Uehara
よよぎうえはら

小田急線は、東京メトロ千代田線とその先のJR常磐線と相互直通運転を行なっており、小田急線内の駅からでも、常磐線の「綾瀬」や「我孫子《あびこ》」「柏」などの行先表示を頻繁に見られる。この相互直通運転によって、千代田線沿線にある大手町や日比谷などのビジネス街や、表参道、原宿などのファッション街へも乗り換えなしで行くことができる。

この相互直通運転を行なっている駅が、小田原線にある代々木上原駅である。もともと現在より二〇〇メートルほど東側にあったが、一九七二（昭和四七）年に始まった乗り入れに向けての改良工事にともない、現在地へ移動した。それまではただの中間駅だったが、千代田線が乗り入れたことにより、小田急で三番目の乗降人員数を誇る駅になるまでに発展している。

しかし当初は、代々木上原駅で乗り入れる予定ではなかった。じつは小田急は、南新宿駅や参宮橋駅から地下鉄線へ乗り入れたかったが、諸事情から代々木上原駅へ変更になったのである。乗り入れルートはどのように決まったのだろうか。

南新宿・参宮橋から東京駅を目指した小田急

もともと小田急は、都心への地下鉄構想をもっていた。一九四七（昭和二二）年六月には小田急線を併合していた東急から、南新宿を起点に、新宿二丁目、塩町、四谷見附、赤坂見附、国会議事堂前、日比谷を経て東京駅へ至る七・六キロメートルの路線を出願した。さらに分離独立後の翌年八月にも、参宮橋を起点に、代々木、信濃町、赤坂見附、桜田門、馬場先門、東京駅へ至るルートで再申請している。

しかし一九五六（昭和三一）年の都市交通審議会第一号答申において、都心部の地下鉄建設は、帝都高速度交通営団（現・東京メトロ、以下、営団）と都営地下鉄に委ねる方針が発表されたため、小田急はこの申請を取り下げる。

ただし翌年の答申では、地下鉄と郊外鉄道との相互乗り入れを図る方針が示された。都心への別ルートを断念した小田急も、地下鉄を介して都心へ直結できる可能性が高まった。都市交通審議会は世田谷区域以西の交通需要に対応するため、喜多見から原宿を通り、永田町、日比谷、池ノ端、日暮里、松戸に至る八号線（仮）を策定し、小田急線の用地を使用することを計画した。

しかし、小田急としてはこの八号線を素直に喜ぶことはできなかった。喜多見駅から

実現しなかった都心乗り入れルート

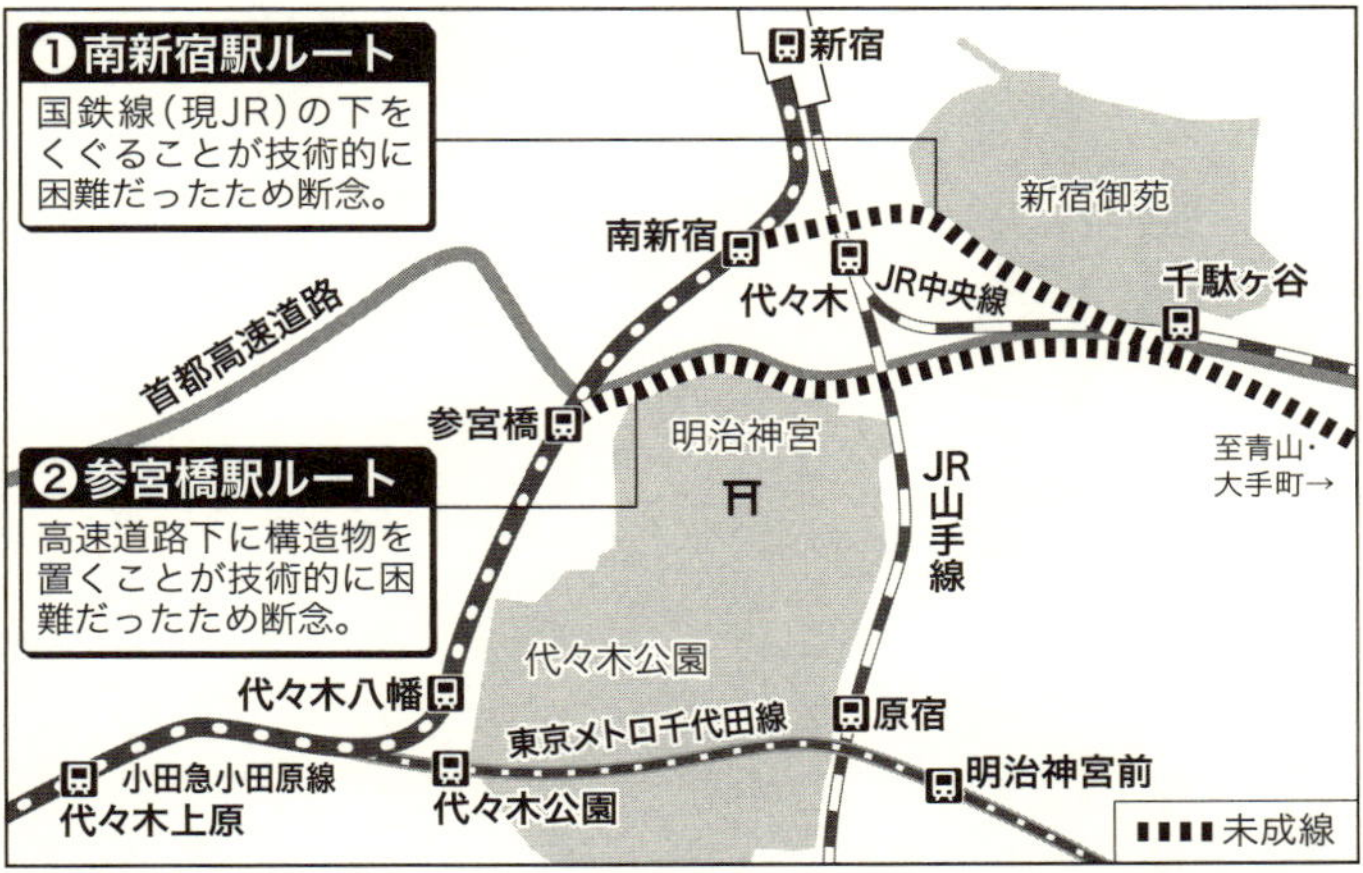

千代田線との乗り入れに際して、小田急は①②の案を提示したが、技術的な理由からどちらも断念し、代々木上原駅を起点にしたルートに変更となった。

早々に小田急線と分離して、都心方向へ向かう地下鉄が建設されてしまうと、喜多見駅より近郊の区間の乗客を奪われかねない。そこで、なるべく小田急線に人が乗るように、新宿にできるだけ近い地点から、都心方面へ分岐するルートを建設省に要望した。

そのルートとは、南新宿駅を起点に、国鉄線の新宿〜代々木間を横断したあと、新宿御苑の西端から千駄ヶ谷駅を経て青山方面へ抜ける案、さらに参宮橋駅を起点に、高速道路沿いから千駄ヶ谷駅へ至る案のふたつである。

小田急案を営団が一蹴

小田急の期待に反し、これらのアイデアは実現しなかった。建設省は、参宮橋駅を起点とする案に対し、高速道路橋脚の下に地下構造物をつくるのは困難として難色を示した。さらに地下区間の建設を行なう営団の反応も芳しくなかった。南新宿駅を起点とする案に対しては、新宿駅を改造する計画があることや、国鉄線の下をシールド工法のトンネルで通るのは技術的に困難であることを理由に却下したのである。そのうえで小田急に対し、営団が逆に提案してきたのが、代々木上原駅を起点に、原宿を通る現在の千代田線のルートだった。

営団が提示した新ルートは小田急にとっては難工事が必要なものであった。代々木上原～代々木八幡間が急こう配かつ急カーブが生じる難所がある。さらに地下から上がってきた車両を代々木上原駅の構内で、小田急線と同一の高さに置くために、代々木上原駅を西へ二〇〇メートル動かす必要も生じる。こうした制約を受けながら行なった工事は、オイルショックの影響もあり、五年間にも及んだ。

こうして代々木上原駅は、営団の事情から相互乗り入れ駅となり、五年間にも及ぶ難工事の末につくり替えられて、現在の賑わいのある駅となった。もし小田急が提示した案の通り、南新宿駅か参宮橋駅が相互乗り入れ駅となっていたら、どのような駅の姿になっていたのだろう。

沿線まるごとテーマパーク!? 座間や大和に三つもあった遊園地計画

OH 31　OE 01

小田原線

座間
Zama
ざま

江ノ島線

東林間
Higashi-Rinkan
ひがしりんかん

小田原線の座間駅は、開業時の駅名は新座間駅だった（一六九ページ参照）。その後、一九三七（昭和一二）年に座間遊園駅と改称されるも、一九四一（昭和一六）年には座間駅となり現在に至る。わずか四年間だけの駅名だった「座間遊園」は、小田急が座間駅の近くに遊園地を開発しようとしていたために命名されたものである。

小田急線は一九二七（昭和二）年の開業と同時に、当時の稲田登戸《いなだのぼりと》（現・向ヶ丘遊園）駅近くに向ヶ丘遊園地を開設して人気を博していた。そこで、座間にも遊園地を建設して、向ヶ丘遊園に劣らぬ一大娯楽施設を生み出そうとしていたのである。

遊園地の建設予定地は、駅東方の丘陵地帯で、現在は立野台《たつのだい》と呼ばれる住宅地などとなっている。小田急は約二三万坪の土地を買収し、主要道路を整備し、あずまやをいくつか建てて、遊園地をつくる準備を行なった。しかし当時の感覚では、座間は東京方面からあまりに遠く、また小田急の経営状況もよくなかったため、実現は困難を極めた。そして太平洋戦争に向かう世相のなか、座間遊園計画はあえなく頓挫したのである。

林間都市にも計画していた遊園地

小田急が計画していた遊園地は、座間だけではない。小田急が開発を進めていた林間都市周辺にも計画されていた。

林間都市とは、江ノ島線敷設に際して沿線で行なわれた大規模な住宅地等の開発である。格子状にめぐらせた街路のなかに公園や松林、高級住宅を点在させ、学園や公会堂、野球場、ラグビー場、テニスコート、相撲場などを建設する予定だった。当初、沿線の三つの駅には、「中和田」「公所《ぐぞ》」「相模ヶ丘」という地名を冠するはずだったが、「東林間都市」「中央林間都市」「南林間都市」と、林間都市をつけた駅名とした。

この林間都市の魅力を上げ、鉄道利用者を増やすため、小田急は林間都市周辺に遊園地を計画した。『相模原市史　近代資料編』によると、一九二六（大正一五）年七月、大野村中和田（現・東林間駅）に二〇万坪の「中和田遊園地」の建設予定地として購入したとあり、さらに隣の大和村にも「大和村遊園地」の土地を七二万坪も購入したとある。もし座間遊園を合わせたこれら三つの遊園地が実現していれば、向ヶ丘遊園と合わせて沿線に四つもの遊園地ができていたことになる。

さらに、一九三〇（昭和五）年には、大野村中和田に約一〇万坪を借地して、大運動場を設ける計画で地主と交渉中だという記述もある。遊園地に大運動場にと、小田急沿線、とくに林間都市から大和、座間にかけての一帯は、一大テーマパークになる予定だった。

分譲地が売れずに終わった林間都市計画

しかし林間都市計画の頓挫によって、遊園地も建設されずに終わった。当時、神奈川県央地域は東京へ通勤・通学するには遠隔地だった。林間都市の分譲住宅はほとんど売れず、小田急は下見客に無料乗車券を配ったり、土地購入者に三年間、家屋を建てた人には六年間の無料乗車証を与えたり、契約者とその家族には新宿～成城学園前間の運賃で永久に林間都市まで乗車できるようにする特典を与えるなど、さまざまな工夫を行なったが、それでも苦戦は続き、一九三五（昭和一〇）年の中央林間の戸数はわずか五〇戸、人口も二三〇名という有様だった。そうした状況で遊園地など建てられるはずもない。遊園地も大運動場も、建設が始まる前に立ち消えとなった。

結局、十分な成果を上げられないまま都市計画は終わりを告げ、一九四一（昭和一六）年に林間都市の最寄りの三駅は、駅名から「都市」の名が消えて、「東林間」「中央林間」「南林間」になった。もし林間都市が成功して、巨大な遊園地や大運動場ができていたら、一帯の景色はいまと違っていたであろう。

鶴川～玉川学園前間の地形に町田の原風景が残る

OH 25 OE 26
小田原線

鶴川
Tsurukawa
つるかわ

玉川学園前
Tamagawagakuen-mae
たまがわがくえんまえ

東京都の南端に位置する町田市には、「〇〇谷戸《やと》」という地名が多い。本町田にある今井谷戸や、成瀬の奈良谷戸、図師町の五反田谷戸などである。この谷戸とは、湧水などが丘陵を削ってできた、細長く斜面に入り込んだ谷のことで、七〇メートルほどの谷幅に対して、一キロメートルほど谷が入りこみ、湧水を利用して古くから水田が営まれていた。多摩丘陵南部に位置する町田市域にはこの谷戸地形が多く形成され、宅地化が進んだ現在でも地名として残っている。

この谷戸という丘陵独特の地形は、古くから道として使われていた。地盤の弱い谷戸の中央部ではなく谷壁に沿って道がつくられ、谷戸の最奥部である谷頭《こくとう》、つまり峠を越え、向こう側の谷戸へと通じていた。そして現代では、鉄道が通る場所として使われている。

谷戸を通る小田急線

谷間に鉄道が走っている区間は、小田原線の鶴川～玉川学園前～町田間である。鶴見川《つるみがわ》

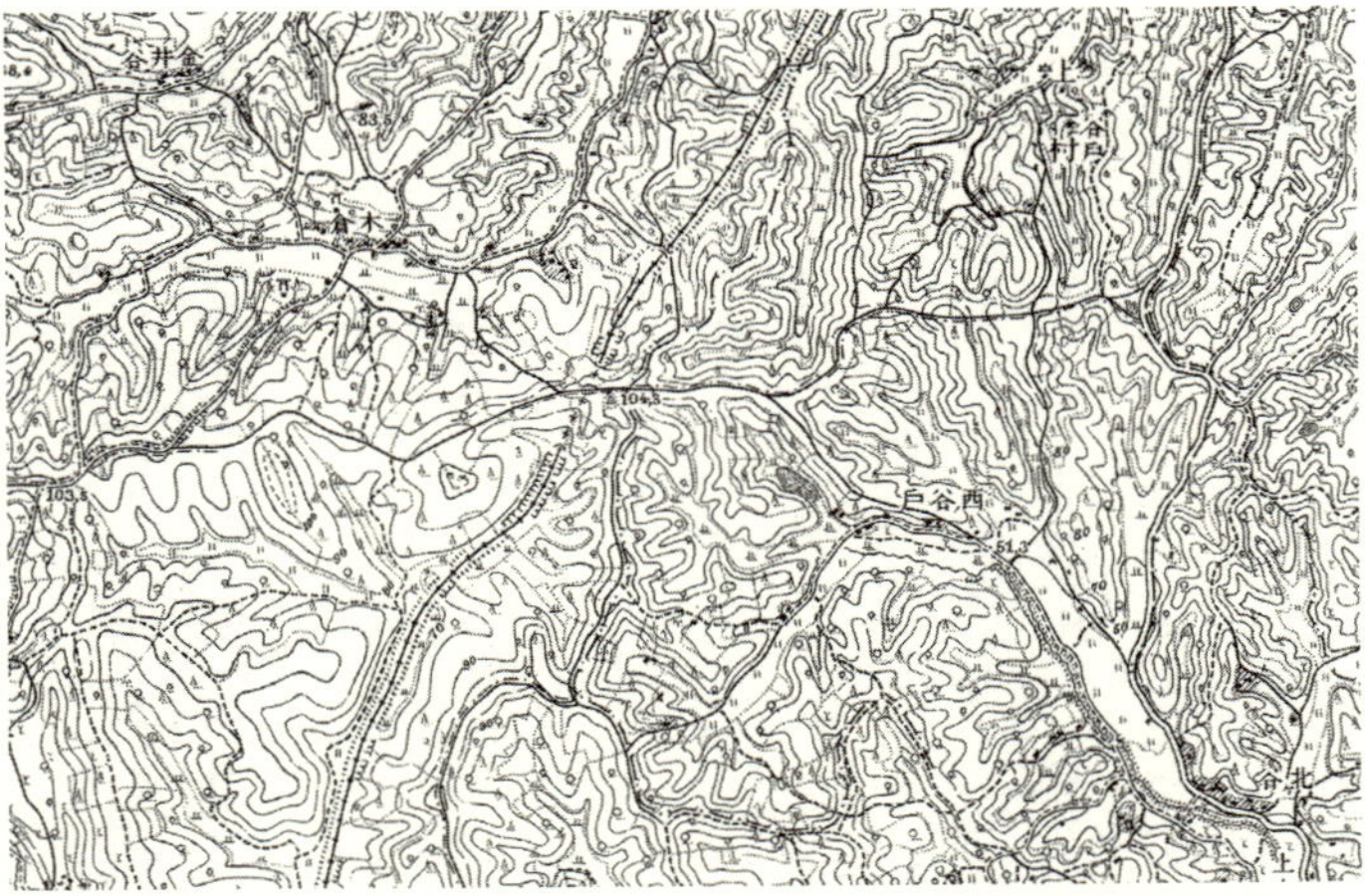

1927（昭和2）年刊行の地形図「原町田」の鶴川〜玉川学園前間の部分。小田急線が細長い谷戸のなかを通り、谷頭をトンネルで貫いていることがわかる（国土地理院蔵）。

沿いを走っていた下り列車が、和光大学脇から境塚トンネルを抜け、玉川学園前駅から恩田川《おんだがわ》まで下っていく。ここが谷戸を利用してつくられたルートである。

一帯の旧版地図を広げてみれば、小田急線が通っているルートが谷戸にあたることが見てとれるであろう。鶴見川沿いからカーブしてくると、線路の両側に等高線が迫り、やがて谷が細くなったところで鏡塚トンネルに入る。この部分が谷頭だ。そして玉川学園方面へは、恩田川へ通じる南側の谷戸のなかを走る。

鶴川〜玉川学園前〜町田間を通る際は、大学や住宅が建つその地形に目を向け、谷戸の名残を感じてはいかがだろうか。

箱根山に続く小田急・西武の戦争が、多摩でも勃発！

多摩線

鉄道戦争といえば、小田急グループと西武グループが箱根の観光開発をめぐって、約二〇年にわたって抗争を続けた、いわゆる箱根山戦争が有名である。

しかし両者の争いは、箱根だけではなかった。じつは別の場所でも鉄道戦争が勃発していた。その場所とは多摩である。

昭和三〇年代に東京の人口増加が深刻化したため、東京都は多摩ニュータウンの建設を計画した。都心のベッドタウンとして計画されたため、都心までの交通アクセスの整備が急務となった。国鉄が新線を敷設することが経済的に困難なことから、都心へのアクセス路線は私鉄の手により敷設することになった。そこで名乗りを挙げたのが、小田急電鉄と京王帝都電鉄（現・京王電鉄）、そして西武鉄道の三社だった。

このとき、多摩地区から都心への通勤・通学人員はラッシュ時で一時間三万一〇〇〇～五万七〇〇〇人が見込まれており、途中駅での乗降人員数を含めると、一時間あたりの通過人員は八万四〇〇〇人と予想された。開通にあたっては、複々線にする、山手線の駅までは直通運転させる、道路とは立体交差させる、などの条件が求められた。

その結果、小田急は喜多見から多摩ニュータウンを通り、神奈川県の城山《しろやま》に至る区間の敷設を出願した。京王は調布から多摩ニュータウンを経由して相模原行きの路線、西武は国鉄中央線の武蔵境から多摩ニュータウンに乗り入れる路線を申請した。

国鉄の難色により西武自らが出願取り下げ

こうして三社による多摩ニュータウン線の争奪戦が始まった。当時は箱根山戦争がようやく終息に向かいつつある頃である。場所を移した第二の箱根山戦争勃発かと思われたが、多摩線は箱根山のように長引く争いにはならなかった。

というのも、一九六四（昭和三九）年の南多摩地区輸送計画調査委員会の調査報告により、武蔵境駅経由で池袋へ至る西武の路線は、国鉄中央線の負担が大きく、都心直通のルートにならないことが示され、逆に小田急と京王が推薦されたのである。そのうえ、国鉄が西武の路線に難色を示したことから、西武は自ら申請を取り下げた。

こうして二社のみが免許され、小田急多摩線、京王相模原線が開通した。多摩線は、当初の出願ルートとは異なり、いまでは新百合ヶ丘駅から分岐して、唐木田駅までを結んでいる。多摩ニュータウンと都心の重要なアクセス路線として機能している。

小田原線 OH 16

狛江
Komae
こまえ

昭和初期、狛江駅横の池を巡って地元衆が暴動を起こした理由とは？

狛江駅の北側には、小さな池がある。これは、東京都の特別緑地保全地区に指定されている、泉龍寺《せんりゅうじ》の弁財天池（以下、弁天池）である。池の中島には、弁財天の祠が祀られ、池のなかには鯉が泳ぐ。南側にある弁天池から引いたひょうたん池と合わせて、一帯は緑豊かな環境が維持されていて、原則毎月第二日曜日の午前一〇時から午後三時までの間のみ見学することができる。

落ち着いた雰囲気の弁天池だが、一九二七（昭和二）年八月、この池をめぐって暴動が起きたことがある。通称「雨乞い事件」と呼ばれる暴動は、村人百数十人が関わる大規模なもので、中心人物とされる十数名が警察に連行されることになった。

村人が暴徒化したのには、もちろん理由がある。もともと弁天池は、村人が収穫した野菜を洗ったり、洗濯したりする場所だった。さらには、日照りが続くと、雨乞いの祈りを捧げるなど、地域住民の生活に密着した大切な場所だった。しかし小田急の狛江駅開設にともなう開発によって、池に入ることができなくなったのである。

百数十人が池に無理やり突入

狛江駅ができると、弁天池の場所に小田急が高級料亭「松の葉」を開店した。当時、泉龍寺の住職が亡くなり、寺や弁手池は村長らが管理していた。小田急は村と交渉して弁天池周辺の土地を借りてオープンした。

すると松の葉の女将が、弁天池は料亭の敷地内だと考えて、池の周りを生垣で囲ってしまった。料亭ならではの静かな環境を演出したかったのだろう。

しかし、その行為により、村人たちは、以前のように弁天池を利用することができなくなり、非常な不便を強いられることになったのである。

その不満が、ついに日照り続きの暑い夏の日に爆発した。「このままでは、雨が降らずに困る。雨を降らせるご利益は、弁天池で雨乞いすることだ！」といった扇動があり、村人が大挙して弁天池に押しかけ、雨乞いの大太鼓で生垣を押し倒したのである。興奮した若者二～三人は、そのままの勢いで狛江駅に押し入り、売上金を盗む騒ぎを起こした。

その後、生垣は撤去され発端となった松の葉も、時代の移り変わりとともに廃業していった。小田急線が通るほど文明が進んでいながら、雨乞いの儀式も大事だったとは、都市と農村の狭間にあった当時の狛江の状況がわかる、興味深いエピソードである。

小田原線 OH 33

厚木
Atsugi
あつぎ

副業の砂利採掘で小田急が陥った皮肉な結末

小田急線は、厚木～本厚木間で相模川を渡る。このとき両岸をつないでいるのが、長さ四一〇メートルの相模川《さがみがわ》橋梁《きょうりょう》である。小田急の車両が行き交うこの橋は、一九七二（昭和四七）年にできた二代目の橋で、その前はコンクリート製の橋が架かっていた。

じつは初代の橋が架け替えられたのは、倒壊の危機を迎えていたからである。その原因となったのは砂利採取である。コンクリートをつくる建材になる砂利は、関東大震災以後、復興のため大量に必要とされた。当初は多摩川で採取されたが、多摩川の砂利が不足すると、相模川の砂利が注目されることとなった。相模川の砂利は堅くて質がよいとされ、一時は全国一の生産量を記録するほどであった。

砂利の採掘は利益率が高いことから、鉄道会社も含め多くの企業が参入した。相鉄の前身となった神中鉄道とＪＲ相模線の前身の相模鉄道は砂利輸送を目的として開業した鉄道で、砂利鉄道と呼ばれていた。さらに一九三三（昭和八）年からは小田急も、砂利会社を設立して砂利採掘、輸送事業に参入している。

河床低下により橋脚が浮く

戦中、戦後を挟んで砂利採取は継続され、高度経済成長期になると、東京を中心にした建設ラッシュで需要は増える一方となった。とくに一九六四（昭和三九）年の東京オリンピックに向けた大規模な都市開発は、砂利採掘を加速させた。採掘機械も大型化し、ますます大量の砂利が採掘されていった。

しかし砂利を採掘すれば河床が低下し、水面も下がるのは当然のことである。わずか二年間で六メートルも下がった地点もあり、水中につくられていた農業用水や水道の取り入れ口が、川面から出てしまい、取水できなくなった。水田の水位も低くなり、周辺の農業は田植えすらできずに大打撃を受けた。また海老名市社家《しゃけ》から取水していた横須賀水道の取水口も使えなくなり、通水先の横須賀市などでは、水道の水が不足するといった深刻な社会問題が起きた。

その後、砂利穴に子どもが落ちる事故が相次いだことから、マスコミでも取り上げられるようになり、砂利採取の制限・禁止を求める声が大きくなった。その結果、ようやく制限がかけられたが、禁止になる前にと無届で乱掘する者や、監視の目をかいくぐって採取を続ける者が後を絶たなかった。

あわや大惨事という危機に橋の架け替え

社会問題が表面化していたその同じ頃、小田急の相模川橋梁もまた危険な状態になっていた。基礎がむき出しになって橋脚がゆるみ、洪水で流出するのではないか、あるいは倒壊するのではないかと心配されるほどだった。会社が参加している砂利採掘事業が、本来の事業である鉄道の運行をおびやかすという皮肉な事態になっていたのである。

もし橋が倒壊すれば、死者や重傷者が大勢出る大惨事となる。小田急は補修工事を何度も行なったが、河床の低下はさらに続くと見られた。そこで全面的な橋の架け替えを行なうことになった。従来の橋の上流一二・五メートルの場所に新しい橋を建設し、それにともなって厚木から本厚木までの延長一五〇〇メートルの路線を改良するというものだった。一九六九（昭和四四）から始まった工事が、旧相模川橋梁の撤去まですべて完了したのは一九七二年のことだった。現在、厚木駅寄りの相模川橋梁の横には、架け替えられる前の旧相模川橋梁のコンクリートの橋台が残っている。

第二章

新しい発見がいっぱい箱根・湘南・大山の巡り方

登山鉄道名物あじさいは観賞用ではない!?

箱根登山線（箱根登山鉄道）

箱根登山鉄道の名物といえば、沿線のあじさいを挙げる人も多いだろう。一万株以上ものあじさいが咲き誇り、その景観は圧巻である。麓の箱根湯本駅と終点の強羅《ごうら》駅とのあいだの標高差は約四五〇メートルもある。そのため、箱根湯本付近では六月中旬から、強羅駅では六月下旬から見頃を迎える。六月下旬なら沿線全体であじさいを満喫できる。

またあじさいは、ライトアップされて夜も楽しむことができる。午後六時半から十時まで沿線の六か所でライトアップされ、「夜のあじさい号」が運行する。強羅行きなら宮ノ下駅で、箱根湯本行きなら塔ノ沢駅で長時間停車する。夜のあじさい号は全席指定のため、すぐに完売となり、例年、キャンセル待ちをする人も多いという。夜のあじさい号の運行は一九九四（平成六）年から続く人気イベントのひとつである。

横に根を張るあじさいが土を守る

客の目を楽しませてくれるあじさいだが、沿線のあじさいは自生ではなく、箱根登山鉄道の職員が植えたもの。職員全員が交代で、苗植えや草刈りなどの手入れを行なって管理している。沿線に咲いているホンアジサイは種のできない園芸品種で、主に挿し木をして株を増やしていくため、あれほどの量になるにはかなりの時間がかかったという。

観光客のため、これほどの努力をしているのかと思うと、その〝おもてなし〟の心に感激するが、あじさいを植えたのは、じつは観光客のためばかりではない。

箱根登山鉄道の線路脇には盛り土がされているが、雨が降ると、法面《のりめん》の土が流されることが多かった。こうした盛り土の流出を防ぐため、あじさいを植えたのである。あじさいの根は約七〇センチメートルと長く、しかも細かい根が絡み合いながら横方向へ広く伸びるため、土留めの効果が高い。箱根登山鉄道沿線以外でも、長谷寺《はせでら》など鎌倉の斜面地でも土留めとして栽培されている。

箱根登山鉄道では、あじさい以外にも植えようとしていた花があった。神奈川県の県花であるやまゆりである。ところが、やまゆりの球根（百合根）はイノシシのエサになることから、掘り返されて土留めの役割を果たさない。そのため、やまゆり案は見送られ、あじさいの花が選ばれたのである。

箱根のあじさいは、立派な名物になっているものの、実用的な理由から植えられた花だったのである。

設立当初の箱根登山鉄道が抱いていた壮大な計画とは？

箱根登山線（箱根登山鉄道）

箱根登山鉄道は、小田急グループ傘下の鉄道である。三か所のスイッチバックがあり、急こう配を上る姿は鉄道ファンのみならず、多くの観光客に人気がある。豊かな自然を車窓から眺めたり、沿線の温泉を楽しんだりと、箱根の魅力を存分に楽しめる。

この鉄道は、小田原を起点に箱根湯本を通り、終点強羅までを結ぶ。箱根の観光名所のひとつとなっている芦ノ湖や大涌谷、元箱根石仏・石塔群などは通らない。だがこうした観光地を網羅する壮大な路線が計画されていたことがある。

いったいどのような計画があったのか。当時の路線申請によると、一九二〇（大正九）年には、強羅から箱根町に加え、箱根町から湖尻、二ノ平（現・彫刻の森）から元箱根、水戸野（宮城野）から御殿場へそれぞれ敷設の出願を行なっている。さらに一九二二（大正一一）年には、三島から山中新田、山中新田から箱根町への敷設を出願している。

つまり、この計画だと、小田原から箱根湯本、強羅を経由して御殿場へ行ける一方、小田原から箱根湯本、二ノ平を経由して、進路を南へとり、元箱根、山中新田を経由して三島へ到着できる。さらに箱根を東西に横断するのみならず、元箱根から芦ノ湖北岸の湖尻へと北上し、湖岸をぐるりと一周して箱根町へ帰ってくるルートまで用意されることになる。

これが完成していれば、現在、バスと遊覧船を利用している区間も、すべて鉄道でカバーできたことになり、その利便性は一気に増すはずだった。ところが、実際にはこれらの計画は実現しなかった。いったいなぜ断念するに至ったのだろうか。

火災・震災・事故が重なり断念

強羅以降が延伸されなかったのは、天災や人災による三つの不幸と、時代の趨勢が影響している。

三つの不幸のひとつ目は、一九二三（大正一二）年二月一日未明に起きた本社の火災である。関係資料が散逸したため、原因は不明である。消失した本社は、一八九八（明治三一）年に建てられた二階建ての洋館で、モダンな外観は、新たに鉄道時代が始まるシンボルとされた。経済的な損失だけでなく、シンボルを失ったという喪失感も大きかった。

ふたつ目は、同年九月一日に起きた関東大震災である。消失した本社の仮社屋が倒壊したほか、線路やトンネル、車両、駅舎なども大打撃を受けた。とくに小田原〜箱根湯本間の線路は崩壊したり埋没したりしたほか、小田原駅は崩壊し、車庫に停車していた車両はすべて燃えてしまった。また、箱根湯本駅も駅裏で発生したがけ崩れによって駅舎が崩壊してしまった。そのため新線敷設よりも復旧工事を優先させなければならなかった。

三つ目は、震災の痛手からようやく立ち直りかけた一九二六（大正一五）年一月一六日に起こった脱線事故である。小涌谷駅を出発した電車が、途中ブレーキが効かなくなって脱線し、合計一八人が死亡、一〇人が負傷する大事故となった。下り勾配だったため、運転士による速度超過ではないかとされたが、はっきりとした原因は特定されていない。

これらの三つの不幸に加えて、時代の趨勢も重なった。当時は自動車の普及しはじめた頃である。この自動車が延伸を断念させる要因としては充分だった。

当時は昭和の高度経済成長期のようなマイカー時代ではなかったが、最新の輸送機関は鉄道だけではなくなっていたのである。とくに急こう配のある山地では、鉄道を敷設するよりも、道路を整備し自動車を走らせるほうが効率的だった。実際、鉄道敷設の許可を得ていた駿豆《すんず》鉄道（現・伊豆箱根鉄道）は、鉄道敷設を断念して箱根峠から熱海間に自動車専用道路建設している。

こうして、鉄道による箱根横断計画は幻となった。もし実現していれば、芦ノ湖などの観光地がより身近になっていたことであろう。

箱根にある二十湯 泉質がそれぞれ違うのはいったいなぜ？

箱根登山線（箱根登山鉄道）

箱根といえば、いうまでもなく全国的に知られた温泉地である。すでに八世紀に、湯本温泉が発見されたと伝えられるほど歴史が古い。江戸時代には、湯本、塔ノ沢、宮ノ下、堂ヶ島《どうがしま》、底倉《そこくら》、木賀《きが》、芦之湯の七か所の湯治場を合わせて箱根七湯と称された。この当時から多くの老若男女が訪れる湯治場となり、また行楽の地でもあった。

現在では掘削技術の進歩によって温泉の数はさらに増え、温泉場は二十湯、源泉は三五〇か所近くにも及んでいる。まさに日本を代表する温泉地である。

箱根温泉の特徴はその歴史や数だけではない。それぞれの温泉地ごとに、塩化物泉や重炭酸塩硫酸塩泉、酸性硫酸塩泉など泉質が違うのである。決して面積が広くはない箱根町のなかに密集していながら、なぜこれほどまでに泉質がバラエティ豊かなのだろうか。

これは、箱根の地質状況に由来する。箱根火山カルデラ内では、地下水が西から東へ流下しており、そこに深部のマグマ溜まりから上昇してくる高温高圧の火山性蒸気が混ざり合い、各所で湧き出している。地下水はそのまま湧き出せばただの湧水だが、地下水に混ざった蒸気が熱や塩分などの供給源となることで温泉になる。では具体的にどう混ざり合って、各温泉の泉質が決まるのだろうか。従来の研究によると、箱根の温泉は第一帯から第四帯の四つに分けられる。

地下水とマグマに左右される泉質

第一帯の温泉は、眼病に効くとされる酸性硫酸塩泉である。中央火口西側の山腹にある大湧谷や早雲山《そううんざん》の頂上周辺、姥子《うばこ》などに湧いており、温度は二〇～九五度と幅広い。地表に近い層の地下水と硫黄ガスが混ざり合っていて、浅い層にあるため、降雨の影響を受けやすく、雨量の多い四月頃から湧き出し、雨量の少なくなる一一月には枯れる。

第二帯は、中性の重炭酸塩硫酸塩泉で、神経痛や皮膚病、胃腸病に効くとされている。湖尻《こじり》付近など比較的標高の高い地域に分布している。カルデラ西側の深層地下水が、熱せられて湧き出したもので、第一帯の地下水とは別物である。

第三帯は、皮膚病、リウマチ、婦人病に効くとされる塩化物泉である。カルデラ東側の早雲地獄周辺、強羅、小湧谷、二ノ平、宮ノ下、底倉などで、湧出口での泉温は九〇度以上を記録する高温の温泉群である。第二帯で流れていた深層地下水と、神山の火道を上昇する高温の火山性蒸気が地下で混ざり合った温泉である。無色透明ながら溶けている物質

箱根温泉の泉質の地理的広がり

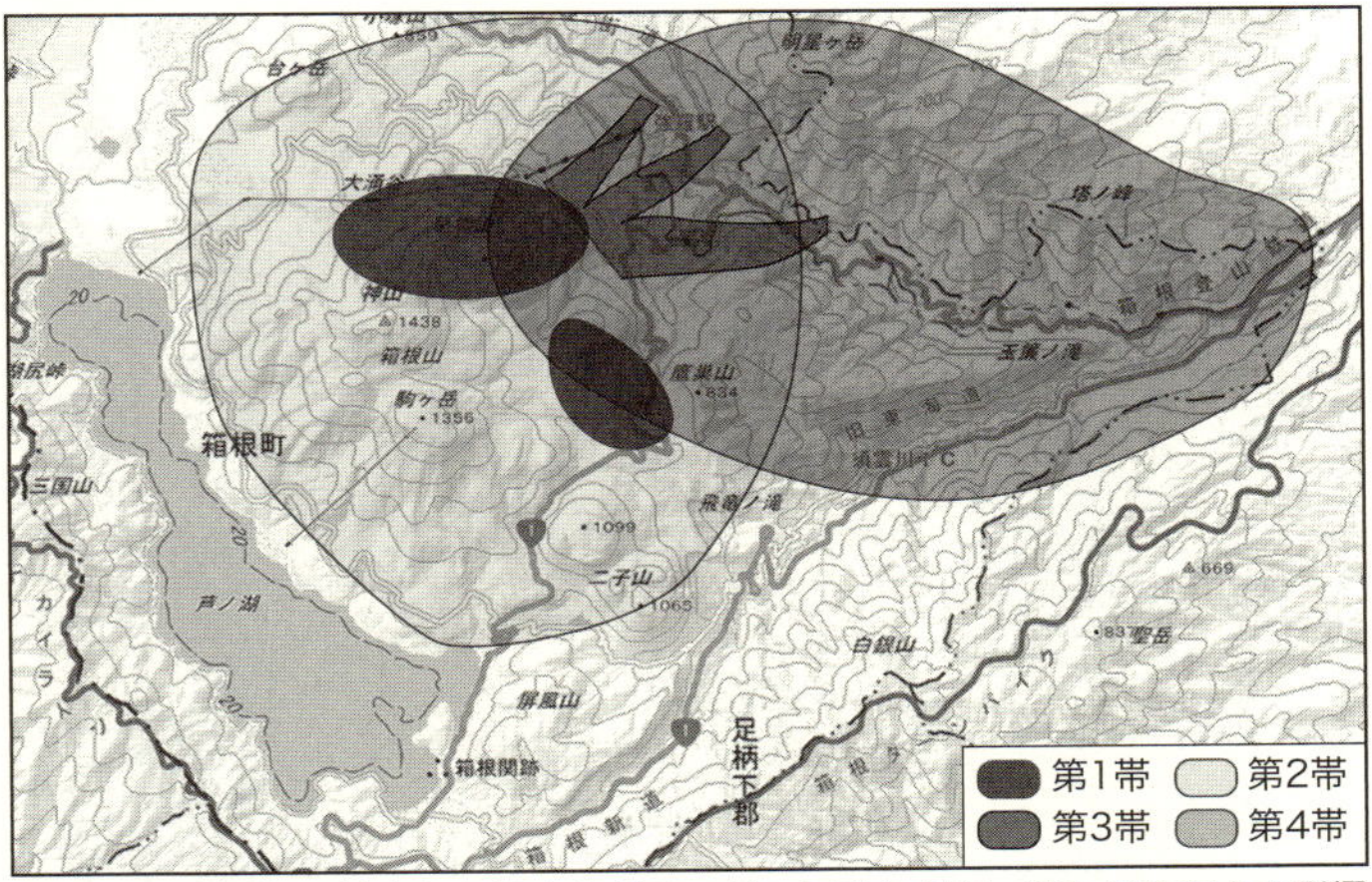

箱根温泉の泉質は、地中から湧き上がるマグマと西から東へ流れる地下水の影響により、第1帯～第4帯の4つに分類される(出典:Oki and Hirano 1970)。

のうち八五パーセントが食塩、一〇パーセントが珪酸《けいさん》という塩分の強い温泉である。

そして第四帯が、第二帯と第三帯の温泉が混ざり合った塩化物重炭酸塩硫酸塩泉で、湯本や塔ノ沢など、中央火口丘の東側の第三帯以外のエリアがすべて含まれる。効能は第三帯と同じである。

この四つの分類に加え、最新の研究では、強羅潜在カルデラと湖尻潜在カルデラの一帯は、他地域と関係ない独自の湧出機構をもっているともいわれている。

箱根登山鉄道は、これらの違う泉質の温泉をすべて結んでいる。いろいろな種類の温泉に浸かりたいと思ったら、箱根登山鉄道でぶらり途中下車の旅をするのがおすすめである。

箱根登山線（箱根登山鉄道）

「箱根山」なる山はない！ 複雑すぎる箱根の成因

箱根山――。気象庁のデータによると、監視カメラや地震計、空震計、傾斜計などが置かれ、常時監測対象に指定されている噴火警戒レベル1（二〇一八年三月現在）の活火山である。しかし、箱根の地図をどんなに眺めても、「箱根山」という山はどこにも存在しない。いったいどこにあるのか。

箱根山とは、いわば神奈川県の西側に広がる環状の尾根に囲われた山塊のことを指す。つまり箱根全体を指す言葉なのである。箱根には、神山《かみやま》や駒ケ《こまが》岳《たけ》などの中央火口丘《ちゅうおうかこうきゅう》と、金《きん》時山《ときやま》、明神ケ《みょうじんが》岳《たけ》、明星ケ《みょうじょうが》岳《たけ》などの外輪山がある。それらを総じて箱根山と呼んでいるのである。

だがかつては、これぞ箱根山というべき大きな山があったと考えられていた。富士山のような巨大な成層火山があり、それが大噴火によって、山体が吹き飛び地形が陥没してカルデラを形成し、残った山腹部分が古期外輪山になった。そして再びの火山活動により、鷹巣山《たかのすやま》や浅間山《せんげんやま》などの新期外輪山ができ、その後、中央火口丘が生まれたとされてきた。

富士山型の「箱根山」は存在しない

つまり現在はないものの、外輪山までをも裾野に取り込んだ巨大な箱根山があったということである。しかしじつは、これは従来の説で、新しい学説では、まったく違った成り立ちだったといわれている。

近年の研究によると、箱根には巨大な成層火山は存在しなかったと考えられている。二七万年前からはじまった噴火活動では、古期外輪山は別々の火口をもち、別々の場所へ溶岩を流していたようである。

やがて一三万年前になると、箱根の中央部で噴火が起きはじめる。火山活動は中央のカルデラのみに限られるようになり、カルデラ内に分厚い溶岩の層が形成され、大規模噴火が繰り返された。二万七〇〇〇年前からは駒ヶ岳、二万二〇〇〇年前からは神山がそれぞれ噴火をはじめ、中央火口丘の原形を形作った。

そして三一〇〇年前、神山北西部で大規模な山体崩壊が発生し、早川を堰き止めて芦ノ湖を形成し、現在の箱根の姿が生まれたのである。

つまり箱根は、別々に山々が形成されたのであって、巨大な〝箱根山〟はそもそも存在しなかったのである。

江ノ島電鉄

廃線寸前の江ノ電を救ったのは車とテレビドラマだった

湘南の海辺を走り、鶴岡八幡宮《つるがおかはちまんぐう》をはじめ、長谷寺など鎌倉の由緒あるスポットを通る江ノ電は、人々を惹きつける観光資源のひとつである。最近では観光客が江ノ電に乗ろうと大挙して押し寄せるので、地元の住民が乗りづらくなるという状況まで生んでいる。ところがこの江ノ電が、昭和中期にひっそりと廃止されそうになっていたらしい。理由は、全国の鉄道も直面したモータリゼーションの到来である。

高度経済成長期に巻き起こったマイカーブームによって、江ノ電の乗客は減る一方だった。しかも一九六四（昭和三九）年に開催された東京オリンピックでは、江の島がヨット競技の会場になったため、周辺の道路が整備されていき、近隣の人々はますます車を利用するようになった。

では、なぜ廃止を免れたのだろうか。それは皮肉なことに、廃止論のきっかけでもあったモータリゼーションである。自家用車が普及したのはいいが、鎌倉の道は狭く、頻繁に渋滞が起こるようになった。しかもバスまでが渋滞に巻き込まれるので、時間通りの運行が難しい。そのため、遅刻するわけにいかない通勤、通学者が、江ノ電に戻ってきたのである。

テレビドラマ人気で復活

江ノ電の人気へと火をつけたのが、一九七六（昭和五一）年から日本テレビ系で放映されたテレビドラマ『俺たちの朝』である。出演者は勝野洋、小倉一郎、長谷直美らで、極《ごく》楽寺《らくじ》から稲村《いなむら》ヶ崎《がさき》周辺をおもな舞台にして、青春の恋と友情をテーマとした物語である。多くのシーンに江ノ電が登場し、ドラマの評判が高くなるにつれ、江ノ電も話題に上るようになった。白いモルタル塗りのアパートをはじめとするロケ地を訪れる人も多く、それまでの古都鎌倉が、若者にも魅力ある街として注目されるようになった。

翌年にはＮＨＫの『新日本風土記』でも『湘南・電車通り』が放映され、全国の幅広い年代層に江ノ電が知られるようになった。その後も、鎌倉を舞台として江ノ電が登場するドラマや映画、コミックによって、江ノ電人気は不動のものとなった。

どこか懐かしい雰囲気の住宅地を走り、人々の暮らしに密着した生活路線でありながら、観光路線でもある江ノ電は、いまや日本のみならず、海外からも乗りにくる人々がいるほど人気となっている。

江ノ島電鉄 EN 1

藤沢
ふじさわ
FUJISAWA

使う人の少ない藤沢駅にある階段の正体

藤沢駅は、小田急江ノ島線、ＪＲ東海道線、江ノ島電鉄の三つの路線が乗り入れる、湘南地域のジャンクション駅である。小田急とＪＲの藤沢駅は、地上駅となっているが、江ノ電藤沢駅はこれらと少し離れ、南口のペデストリアンデッキを渡った先の小田急デパートの二階にある。そのため、駅を発車した電車がビルの中から出てくるという奇妙な光景を見られることで有名である。

藤沢の町は、鎌倉時代に清浄光寺《しょうじょうこうじ》（遊行寺）の門前町として発展し、江戸時代には東海道の宿駅としても賑わうようになった。ここへ江ノ電の駅が開業したのは、一九〇二（明治三五）年である。当時は現在地ではなく、現在のＪＲ藤沢駅の隣にあった。江ノ電の起点として、四本もの線路が引き込まれ、バス乗り場も駅舎に横付けされるなど、当時としては大規模な施設を備えた駅だった。

その江ノ電の藤沢駅が現在地に移転したのは、一九七四（昭和四九）年のことで、地平駅であるために南口広場を横切る形となり、駅前の混雑を引き起こす原因となっていた。

そのため駅前広場の拡張を行なう市の区画整理事業にともなって、江ノ電デパート（現・小田急百貨店）の開業に合わせて、デパートの二階へと移転することになった。これを機に石上〜藤沢間が、それまでの地上線から、高架線に変わったのである。

旧藤沢駅の遺構

藤沢駅がデパートの二階に移転したことにより、昔の地平駅のイメージはすっかり失われた。しかし、じつは駅の周辺に、旧藤沢駅の面影がいくつか残されている。

南口一帯に広がるペデストリアンデッキから駅の北側を見ると、南口と北口を結ぶ地下道の出口の横に、半円状の階段があるのに気付く。地下道を使う人は、ほとんどが手前のスロープを歩いているのに対し、横にある階段の利用者は少ない。あまり意味をなしていない階段のように見えるが、じつはこの階段こそが、ここに江ノ電の駅舎があった当時の遺構なのである。

地下道を出てスロープを上がりきったところ、現在のリエール藤沢内のパン屋がある辺りに、かつて江ノ電の藤沢駅が存在していた。半円状の階段は、当時からあった地下道の出口と、階段の上部にあった駅改札口を結ぶもので、江ノ電の利用客がスムーズに地下道へ行くことができるように設えられたものだった。何とも印象的な大きな半円状の形は、

1979（昭和54）年に撮影された江ノ電藤沢駅。半円状の階段を上れば、江ノ電の改札口へ直通できるような形になっていた（えのしま・ふじさわポータルサイト提供）。

現代の藤沢駅。江ノ電の駅はビル内に入り地上からはなくなったが、半円状の階段だけはその名残を留める（島田尚弥提供）。

当時、斜めに建てられていた駅舎の形に合わせたのだという。

ほかにも、旧藤沢駅だけではなく、地上線時代の線路跡も見ることができる。小田急百貨店の西側にある道路には、樹木で覆われた広い中央分離帯がある。じつはこれこそが江ノ電の線路跡で、地上線時代の江ノ電は、この道路の真ん中を通って、前述のJR藤沢駅横の位置まで乗り入れていたのである。

終点鎌倉も大移転をした駅

江ノ電は、藤沢〜片瀬（江ノ島）間を結んでいたのが始まりだったため、いまでも藤沢駅が起点となっており、藤沢駅始発が下り、鎌倉駅始発が上りという扱いになる。

この終点である鎌倉駅も藤沢駅と同様、大移転ののちに設置された駅である。当初は若《わか》宮大路《みやおおじ》に「小町」の名で開業したが、そこから一〇〇メートルほど北側、鶴岡八幡宮寄りに移転した。その後、地方鉄道へ昇格したことにより、併用軌道上に駅を設けることができなくなり、一九四九（昭和二四）年に再度移転して、国鉄鎌倉駅へ乗り入れる現在の形となった。現在、初代小町駅の遺構はほとんど残されていないものの、JR横須賀線の手前の急カーブの外側に、若宮大路まで直進していた頃の用地の形のまま、直線に家並が残っている。

鶴ケ丘八幡の参道・若宮大路は荷下ろしをする港の施設跡？

江ノ島電鉄 EN 15
鎌倉
かまくら
KAMAKURA

江ノ電鎌倉駅の東口方面から、広場をまっすぐに抜けると、南北に伸びる幅員の広い通りに出る。鶴岡八幡宮の前から、由比ケ浜《ゆいがはま》へとまっすぐに続く若宮大路《わかみやおおじ》である。この通りは、鶴岡八幡宮を創建した源頼朝《みなもとのよりとも》が、京都の朱雀大路《すざくおおじ》を模してつくったものだといわれ、当時は現在より広く、幅五〇～六〇メートルあったともいわれている。

その若宮大路の中央に、盛土され一段高くなった道がある。段葛《だんかづら》と呼ばれる歩行者専用の道で、江戸時代以前は置石や作道などと呼ばれていた。頼朝が段葛をつくったのは、妻政子の安産祈願のためといわれているが、じつはほかの目的もあったという説がある。

若宮大路には、八幡宮に遠いほうから順番に一ノ鳥居、二ノ鳥居、三ノ鳥居がある。段葛は二ノ鳥居と三ノ鳥居の間だけにあるが、江戸時代の絵図などを見ると、かつては由比《ゆい》ケ浜《がはま》まで続いていたと考えられる。

段葛を海まで伸ばしていた理由について、『鎌倉謎とき散歩』の著者・湯本和夫氏は、段葛は港湾施設の一部だったのではないかと推測している。

若宮大路の真ん中を貫く段葛。両側の車道と比べて一段高くなっていることがわかる。

当時の由比ヶ浜には、多くの船が浮かび、頼朝も由比ヶ浜から船に乗って三浦半島などへ出かけていた。しかし、由比ヶ浜に港があったという史料はどこにもなく、執権北条泰時《ほうじょうやすとき》の時代に和賀江島《わかえじま》ができるまでは、どこから船が出ていたのか不明だ。

そこで湯本氏は、段葛こそ船の発着場として使われていたのではないかと推測している。実際、段葛の先には滑川《なめりがわ》の河口がある。現在は水量の少ない川だが、かつては水量も多く、充分船が入ることができたと考えられていることから、河口に段葛を築き、そこを発着場として使用していたとしても不思議ではない。段葛は鎌倉の物流を支える重要施設だったかもしれない。

鉄道日本一の急カーブが江ノ電に存在するワケ

江ノ島電鉄 EN 6

江ノ島
えのしま
ENOSHIMA

江ノ島線は、神奈川県の人気観光スポット・江ノ島へと続く路線である。その江ノ島と、同じく人気観光スポットの鎌倉駅を結んでいるのが江ノ島電鉄、通称「江ノ電」である。

江ノ電の魅力といえば、相模湾や江ノ島など車窓いっぱいに広がる美しい景色だが、江ノ電には江ノ電でしか味わえない別の面白さがある。わずか全長一〇キロメートルほどの路線に、七〇か所近くも急カーブが存在する。もっとも急なカーブが、江ノ島駅の東側にあるS字カーブで、北側に張り出た曲線半径三〇メートルのカーブと、南側に張り出た曲線半径二八メートルのカーブが二つ連なってS字を描いている。曲線半径の数字が小さいほどカーブが急であることを示しており、二八メートルという数字は、鉄道としては日本一の数字である。

そもそも、このような急なカーブは、鉄道としては現在の法律では許されておらず、ほかの鉄道がこれだけの急カーブをつくろうと思っても、許可は下りない。つまり、江ノ電の急カーブは、もとは軌道線だった江ノ電ならではの特徴といえる。

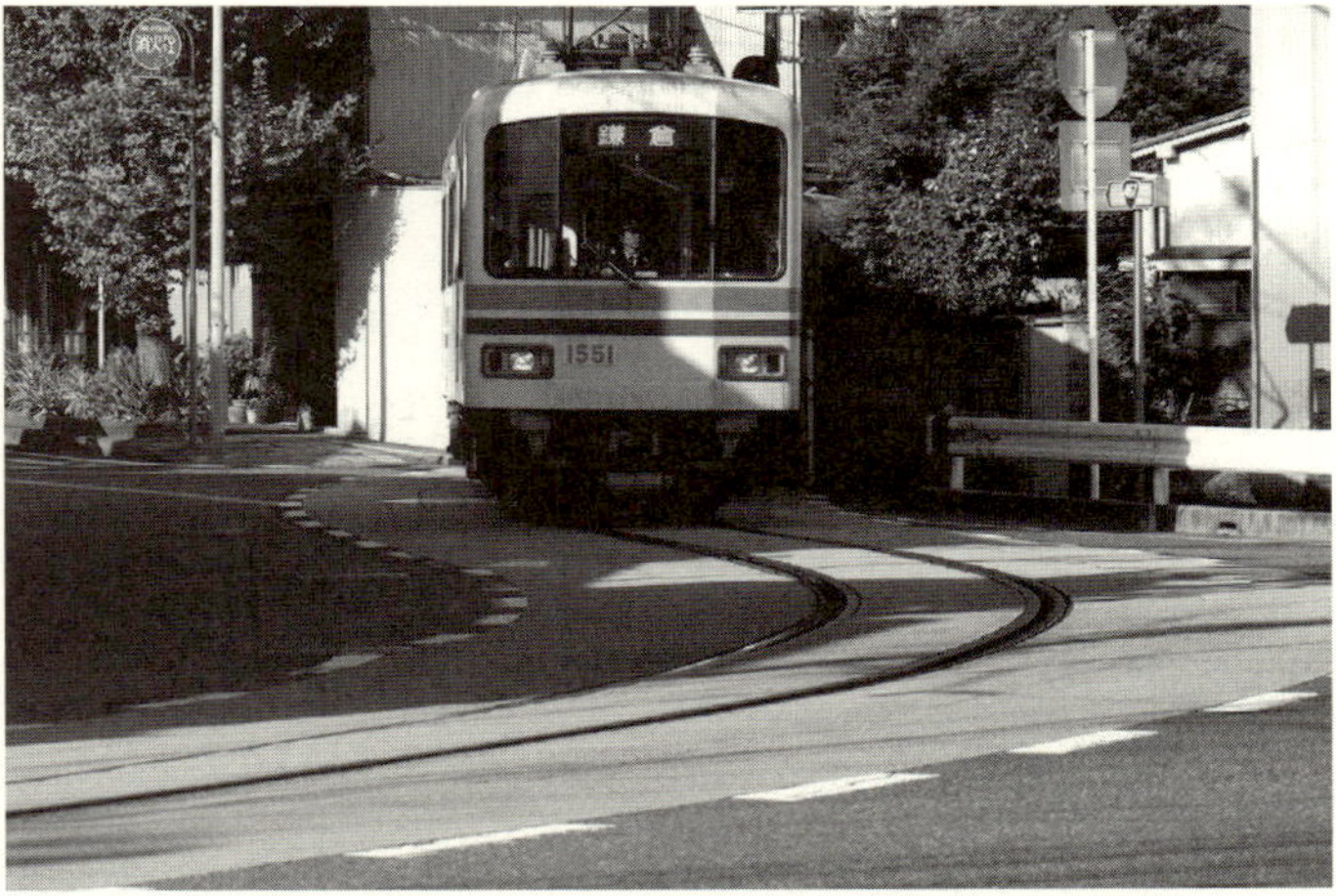

江ノ島駅のすぐ東側にある日本一のＳ字カーブ。軌道線時代の名残が見られる、江ノ電随一の名所だ。

さらにもうひとつ、江ノ電は、海沿いの専用軌道を走っていたかと思うと、突然道路の上を走りだすという珍しい走り方をする。道路の上に敷かれた線路を併用軌道というが、じつはこれも今日の鉄道事業法では認められていない。にもかかわらず、江ノ電には路線内に四か所、総延長九二〇メートルにもわたって併用軌道が存在している。急カーブに併用軌道、なぜ江ノ電にだけ許されているのか。

軍部の力で鉄道に昇格!?

江ノ電に、本来の鉄道にないものが存在するのは、江ノ電の生い立ちに理由がある。

そもそも江ノ電は、一九〇二（明治三五）年に藤沢停留所（現・藤沢駅）と片瀬停留所（現・江ノ島駅）のあいだで開業した路面電車だった。路面電車であるため、ホームは低く、車両にはステップも付いており、当然、道路をゴトゴトと走っていた。

ところが第二次世界大戦中、江ノ電は突然に鉄道となった。理由は、軍部の意向である。当時、平塚に軍需工場があり、物資は東海道線を使って大船駅を経て、横須賀線で大本営のある横須賀港へ運ばれていた。しかし、本土への空襲が激しくなり、いつ大船駅付近が攻撃されるかわからない。軍部は、万が一東海道線・横須賀線が空襲を受けた場合に、それを代替する路線が必要だと考えた。そこで白羽の矢が立ったのが、江ノ電というわけである。

しかし、江ノ電は路面電車であり、当時、路面電車を管轄していたのは内務省だった。内務省と軍部は対立関係にあり、江ノ電が路面電車であると、軍部の思うように使うことができない。一方、鉄道は軍部の息のかかった鉄道省が管轄していたため、それならば江ノ電を鉄道にして鉄道省の管轄にしたほうが、都合がよかったというわけである。

こうして江ノ電は、路面電車の形態のまま、特例として鉄道扱いになった。戦時中は、軍事と関係のない路線は、兵器生産のためにレールなど鉄製品の供出を迫られたが、江ノ電は軍事上重要だと認められたおかげで、廃線も免れ、終戦後の一九四五（昭和二〇）年一一月に正式に鉄道となり、現在に至っている。

大山登山を流行させた江戸時代の〝ある事件〟とは？

大山観光電鉄

小田急沿線の観光スポットは、箱根や江ノ島が有名だが、伊勢原駅が最寄りである大山も注目されているスポットのひとつである。標高一二五二メートル、丹沢大山国定公園に属する山で、小田急グループの大山観光電鉄が、大山ケーブル駅～阿夫利神社駅間でケーブルカーを走らせている。紅葉や夜景の名所として知られているほか、関東平野を見渡すことができ、「関八州の展望台」といわれるほど見晴らしがよい。毎年三月に開催される、伊勢原駅前から阿夫利神社下社までの標高差六五〇メートルの大山登山マラソンでも有名である。

観光地としてメジャーになっているが、その人気は江戸時代初期にまで遡る。徳川家康が行った大改革によって起こった〝ある事件〟がきっかけだった。

家康による改革が行われたのは一六〇五（慶長一〇）年のことである。それまで大山は修験者が多く住む山だった。ところが、家康の命令によって修験者は皆下山を命じられ、大山に住めるのは、真言宗の学僧に限ることとされたのである。

これまで大山の修験者たちは、その時々に応じて足利氏や北条氏へ加勢して出陣する武力集団だった。家康は当時、武士化していた修験者を警戒していたため、彼らを大山から一掃したかったのである。

この家康の命令にとくに反対したのが天台宗系の修験者だった。いきなり下山を命じられたのだから、反発するのも無理はない。

一六六三（寛文三）年、教蔵《きょうぞう》という人物が率いる強硬派の修験者五名と、それに賛同する七名が籠城して、大山寺の別当に対して訴訟を起こした。しかし、寺社奉行は彼らの訴えを退け、むしろ騒動を起こした罪で彼らを処罰した。中心人物であり重罪とされた最教坊や駒形坊ら六人は、大山から六里四方の立ち入りが禁じられ、残りの者は大山寺の寺領内への立ち入りが禁じられた。

追放された修験者が里を回って信者獲得

大山から追放された修験者たちだったが、じつは彼らのその後の活動こそ、大山を一大観光名所にしたのである。

追放されてもなお、修験者の大山への思いは残っていたようで、彼らは大山の御師《おし》となった。御師は「御祈祷之師」の略で、他人に代わり祈祷を職業とした者のことである。事

ケーブルカーの終点「阿夫利神社」駅で下車すると、大山阿夫利神社下社に到着する。大山信仰の中心的な場所で、いまも多くのハイキング客や参拝客で賑わう。

件によって下山させられた修験者や、当初から下山命令を受け入れた修験者などが御師となって歩き、大山への信仰を広く人々に伝えたのである。

お札を配ったり、大山信仰を説いたりするほか、大山詣でを推奨し、そのための旅の計画を立てたり、宿坊の手配を行なったりした。今なら、さしずめ大山観光の広報やツアーガイドといえるかもしれない。御師が大山詣でを勧めたのは、案内による手間賃を生活の糧にしていたからである。

一方、戦がなくなった江戸時代の民にとって寺社詣では、ご利益があるばかりでなく、物見遊山つまり観光旅行として楽しみのひとつとなった。大山詣でのための道がいくつも整備され、関東地域からなら、どこからでも

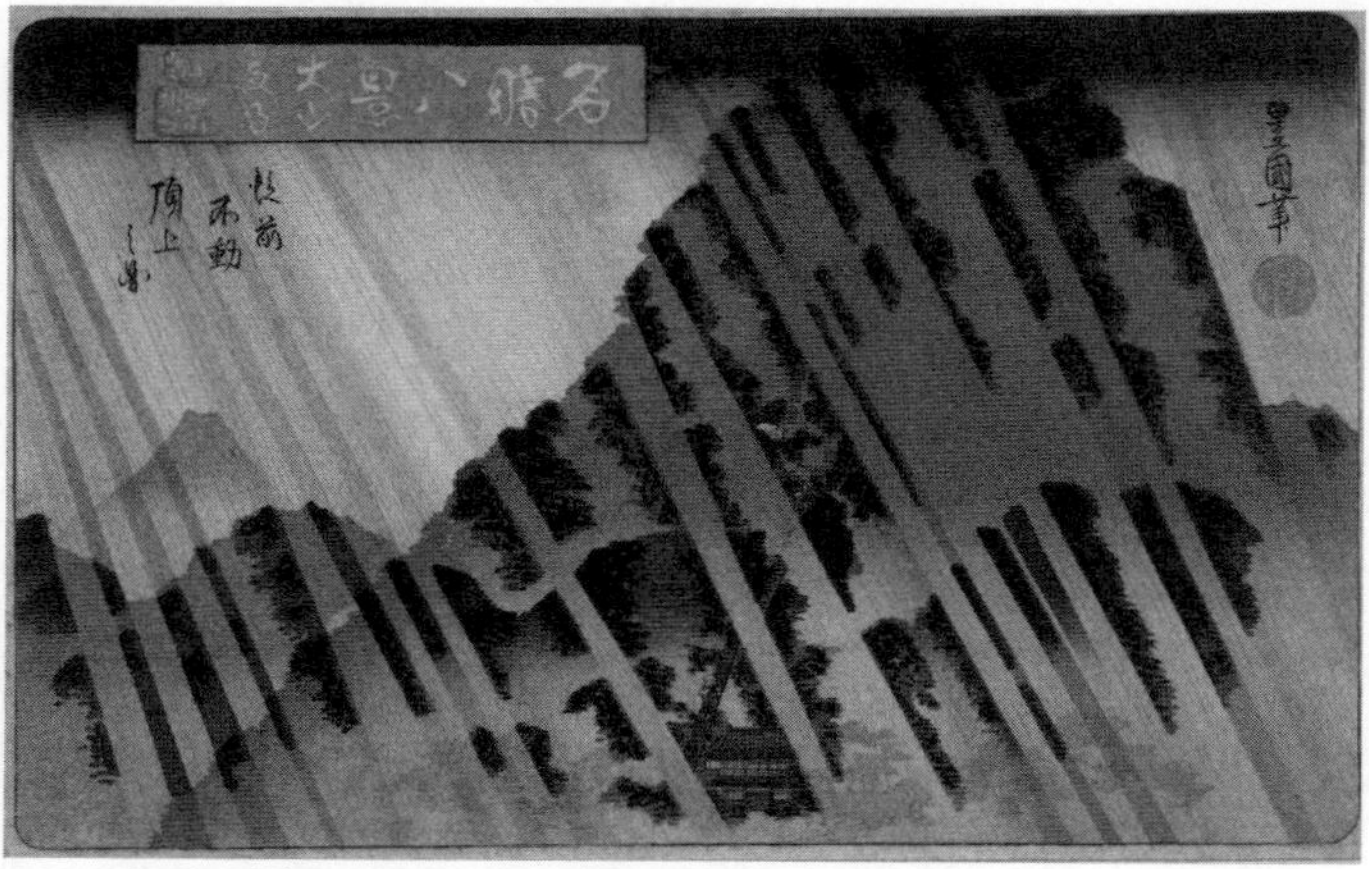

1835（天保5）年頃に二代目歌川豊国が描いた『名勝八景　大山夜雨』。このように大山は、多くの絵図に描かれる人気の観光地になっていた（国立国会図書館蔵）。

大山へ通じる道ができていたことからも、いかに盛んだったかがわかる。参詣者は大山に行ったあと、そのまま江ノ島や金沢八景を回ったり、さらに足を延ばして富士山まで行ったりすることもあったという。

江戸の町では、大山詣でをするための講が同業者同士でつくられるなど、大山詣でがひとつの親睦の手段とされることもあった。こうして、いつしか大山詣でをするのが流行になっていった。

住処を追われ、何とか生活の糧を探した修験者と、娯楽を求めた人々の思惑が一致したことが、大山を一大観光名所へと押し上げたのである。

大山駅もないのに
大山駅もないのに大山駅バス停が存在する不思議

大山観光電鉄

伊勢原駅から大山へ向かうバスに乗っていると、途中に「大山駅《おおやまえき》」という名前のバス停を見かける。左側に広い駐車場があり、道の両サイドには土産物屋が建つバス停となっている。バス停名から当然、鉄道の駅があるのだろうと想像するが、そこに鉄道駅はない。それならば、昔は鉄道の駅があったに違いないとも考えられるが、ここに鉄道が通っていた過去はない。では、なぜバスの停留所なのに「駅」という名がついているのだろうか。

このバス停の名称は昔、バス路線の起点や終点、それに乗り換えなどの主要な停留所を、「駅」と呼ぶ慣習があった名残である。駅という名前がつくバス停は、平塚市の豊田本郷駅バス停など、ほかの地域にもわずかながら残っている。

それでも、大山駅バス停は路線の途中にあって、起点でも終点でもないし、乗り換え地点でもない。広い駐車場があるだけの停留所で、周囲を見回してもここが交通の要地だとは思えない。この謎は、大山観光の歴史と、交通の発展に由来している。

大山は、古くからの山岳信仰の対象であり、山頂には阿夫利《あふり》神社が、中腹にはその下社があって、全国から参詣者が訪れてきた。江戸時代中期には庶民の観光スポットともなり、多くの老若男女が足を運ぶようになった。

大山には、近世以降築かれてきた石段がある。現在は大山ケーブルバス停から阿夫利神社下社までしかないが、かつてはバス停よりさらに下方にも存在していた。しかし、大勢の参詣客が行き来するためには不便で危険な場所もあるため、大正の頃より、下から少しずつ石段の撤去が行なわれるようになった。

やがて石段が撤去された場所に道路が建設され、バス路線が開通した。さらに一九二七（昭和二）年には、伊勢原駅が開業し、首都圏からのアクセスがさらによくなり、入山者もバスの乗客も急激に増えた。石段の撤去作業は、大山の中腹でも行なわれていき、一九三一（昭和六）年にはそこへ大山ケーブルカーが開通した。

一方、下から始まった撤去作業は、大山川を渡る箇所まで完了し、その地点までバス道路が伸びた。そして一九三五（昭和一〇）年には、バス道路の最奥部に大山駅バス停が設けられた。バス停は大山観光の拠点となり、周囲には土産物屋や旅館が並んだ。バス停前に広い駐車場や土産物屋があるのは、終点だった頃の名残である。ここで降りた登山者は、石段を登ってケーブルカー駅の追分《おいわけ》駅（現・大山ケーブル駅）でケーブルカーに乗って、下社（現・阿夫利神社駅）に向かったのである。

大山駅バス停の位置

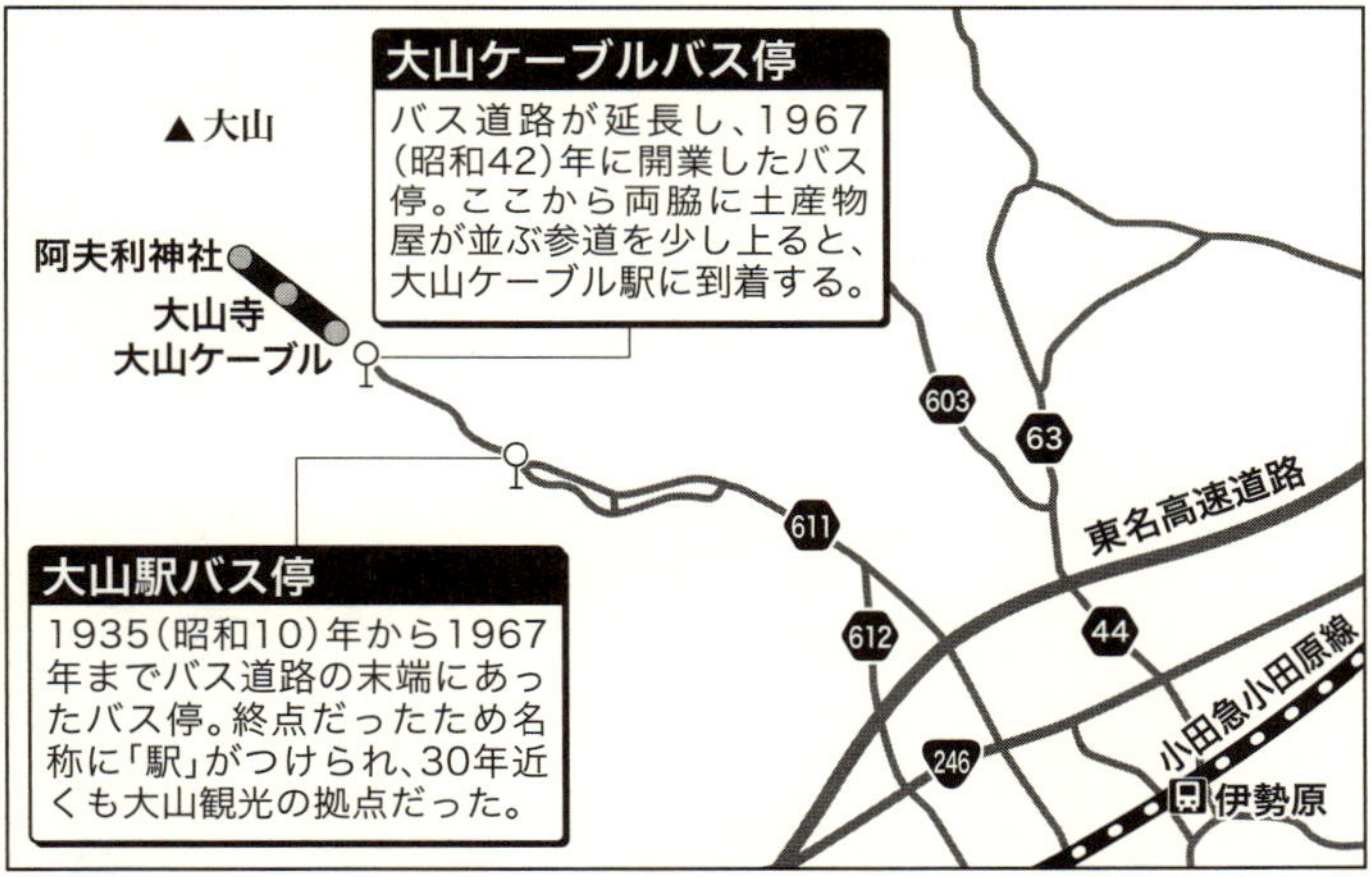
大山ケーブルバス停
バス道路が延長し、1967(昭和42)年に開業したバス停。ここから両脇に土産物屋が並ぶ参道を少し上ると、大山ケーブル駅に到着する。
▲大山
阿夫利神社
大山寺
大山ケーブル
603
63
東名高速道路
611
大山駅バス停
1935(昭和10)年から1967年までバス道路の末端にあったバス停。終点だったため名称に「駅」がつけられ、30年近くも大山観光の拠点だった。
612
44
小田急小田原線
246
伊勢原

鉄道駅がないのに大山駅というバス停があるのは、かつてここが終点であり、終点や乗り換え点には「駅」をつける慣習があったためである。

開発はさらに進むかに思われたが、第二次世界大戦が起こると世の中は観光どころでなくなり、金属供出のためケーブルカーは営業中止になった。石段撤去作業も進まず、長らくバス路線の終点は、大山駅バス停のままだった。

戦後、一九六五（昭和四〇）年にケーブルカーが復活したのを皮切りに、大山の観光もまた活性化した。石段撤去作業も再開され、バス道路が一キロメートルほど延長され、一九六七（昭和四二）年には大山ケーブルバス停ができ、ここが大山駅に代わってバスの終点となったのである。そのため、長年終点だった大山駅バス停はただの途中駅になった。停留所の名称が、大山観光の拠点だった証を唯一残している。

大山にある「阿夫利」神社の由来は「雨降り」から

大山観光電鉄

大山の麓にある大山ケーブル駅から、大山観光電鉄のケーブルカーに乗ると、途中で大山寺駅を過ぎ、終点の阿夫利神社駅に着く。この阿夫利神社とは、大山山頂に本社、中腹に下社を構える大山の鎮守である。「阿夫利」とは、ほかの土地では見ない不思議な名前だが、いったいどういう意味だろうか。

阿夫利神社の「あふり」とは、「雨降り」のことで、大山寺の山号も「雨降山《あぶりさん》」である。古来、大山は雨を降らす山として、雨乞い信仰の対象となっていた。そこから「雨降り山」→「雨降山」→「阿夫利神社」と名前の読み書きが変化していった。

大山が雨乞いの山となったのは、実際山頂付近は比較的よく雨が降るからである。大山は、相模湾と一〇キロメートルほどしか離れていないため、海面からの水蒸気を受けて、霧や雲がかかりやすい。気象観測データを調べてみると、平地よりも大山がある丹沢山地のほうが約一・四倍も雨が降る。そのため、昔から「平地では雨でなくても、上（大山）では雨が降っている」「大山が雲に隠れると、必ず雨が降る」と言い伝えられてきた。

この雨がよく降る大山は、昔の人たちが雨乞いを行なう山だった。武蔵国や相模国の村々の場合、一般的には村の代表者が大山に登って、大山の不動滝の水をもって帰り、その水を村の辻や畑などに撒いた。ほかにも、大山の水を村の神社に供えたり、村の男性が禊《みそぎ》をしたり、地域によってさまざまな様式があった。高座郡では、数人が組になって夜通し走って登る裸参りという、まるで現代の大山登山マラソンのような参拝も行なわれていた。

雨降り山が直面する雨天の観光問題

雨を待ち望む農民や住民にとっては、雨を降らせてくれる尊い山だが、現代において観光名所という視点からすると、少々困ることがある。せっかく観光客が訪れてもどんよりした天気で絶景を堪能することができないからである。さらに雨となれば、客足が伸びないとシャッターを閉める土産物店もある。

そこで伊勢原市観光課では、雨の日限定の特典や、晴れた日の眺望を紹介する説明板の設置、パラソル付きのテーブルの設置など、雨天の観光振興策を行なっている。わざわざ遠方から足を運んでくれた観光客に対して、雨の日の大山を楽しんでもらおうというわけである。雨天でしか味わえない大山の魅力を引き出す試みでもある。

第二章

思わず途中下車してしまう沿線の街と隠れ名所をぶら散歩

新宿西口名物・思い出横丁が昭和レトロな雰囲気を残した理由

小田原線 OH 01

新宿
Shinjuku
しんじゅく

小田急線の改札がある新宿駅西口は、小田急百貨店や京王百貨店などが建ち並ぶ都心を代表するエリアである。周辺には都庁をはじめ、コクーンタワーなど多くの高層ビルがあり、都会の洗練された空気が漂う。

しかし、ここから北側に少し歩くと、ガード沿いに長屋造りの居酒屋が建ち並ぶ飲み屋街が突然現われ、景色が一変する。「思い出横丁」と呼ばれるこの一画には、細い路地に、狭い間口の焼き鳥屋やもつ焼き屋が軒を連ねていて、まるで昭和にタイムスリップしたような錯覚を覚える。

なぜ現代的な街並みの新宿駅西口に、このようなエリアが残っているのか。

じつは、思い出横丁は終戦直後にできた闇市「ラッキーストリート」の名残なのである。新宿駅周辺では、敗戦直後から尾津組や和田組、安田組などのテキ屋が仕切る闇市が立ち、多くの露店が現われた。多くの闇市が不法占拠だったのに対し、安田組が仕切るラッキーストリートは、都民の極端な物資窮乏を緩和するための応急処置として、淀橋《よどばし》警察署長より管理を任されたもので、一時的な土地利用の承諾を得ていた。

安田組によって誕生した西口のラッキーストリートは、当初はヨシズ張りの露店が大半の青空市場だったが、一九四六（昭和二一）年には一部が木造のマーケットとなり、さらに翌年には青梅街道から新宿駅までの広い範囲に、三〇〇軒ほどにもなる大きなマーケットが出来上がった。つまり、現在の西口改札前や小田急百貨店のあるエリアに、思い出横丁のような闇市が広がっていたのである。

細い路地に赤ちょうちんが光る、昭和レトロな雰囲気を残す思い出横丁（©一般社団法人新宿観光振興協会）。

新宿副都心計画で消滅したマーケットの生き残り

ラッキーストリートの整理が始まったのは、新宿副都心計画が生まれたときだった。マーケットの敷地の中央部分は、営団地下鉄の地所を借りていたものだったため、一九六二（昭和三七）年、地下鉄丸ノ内線の工事にともなって撤去されることになった。

このとき当該地で営業していた計一〇九店舗のうちの一部は、跡地に建てられた新宿西口会館ビルに入居した。二〇〇〇（平成一二）年に建て替えられ、現在は一階にユニクロが入る新宿パレットビルとなっている。

ラッキーストリートはさらに時代の波に飲まれていく。次にラッキーストリートの開発を推し進めたのは、小田急電鉄だった。マーケットの南側三分の一は、もともとは都有地だったが、小田急が払下げを受けて取得したのである。当初から新宿駅西口に国鉄（現・JR）と京王、小田急の三者で共同の駅舎ビルを建てる計画があったが、当時輸送力増強に追われていた国鉄は手が回らず、京王も消極的だったために、小田急が単独で新宿西口の駅ビル建設を行なうことになった。こうして立ち退き交渉が始まり、一九六四（昭和三九）年一〇月には店舗の撤去が完了して、駅ビル建設が開始された。そして一九六七（昭和四二）年一一月、駅ビルが完成し、小田急百貨店も営業を開始した。当該地で営業していた店舗の一部は、地下街の「小田急エース」に入居して現在も営業を続けている。

地権の複雑さで生き残った飲み屋街

こうして小田急の駅ビルも完成し、闇市のなかで残ったのは、全体の三分の一程度の範囲だった。それが昭和のノスタルジーを残した、思い出横丁の一画である。本来ならば駅

新宿駅周辺にあった闇市

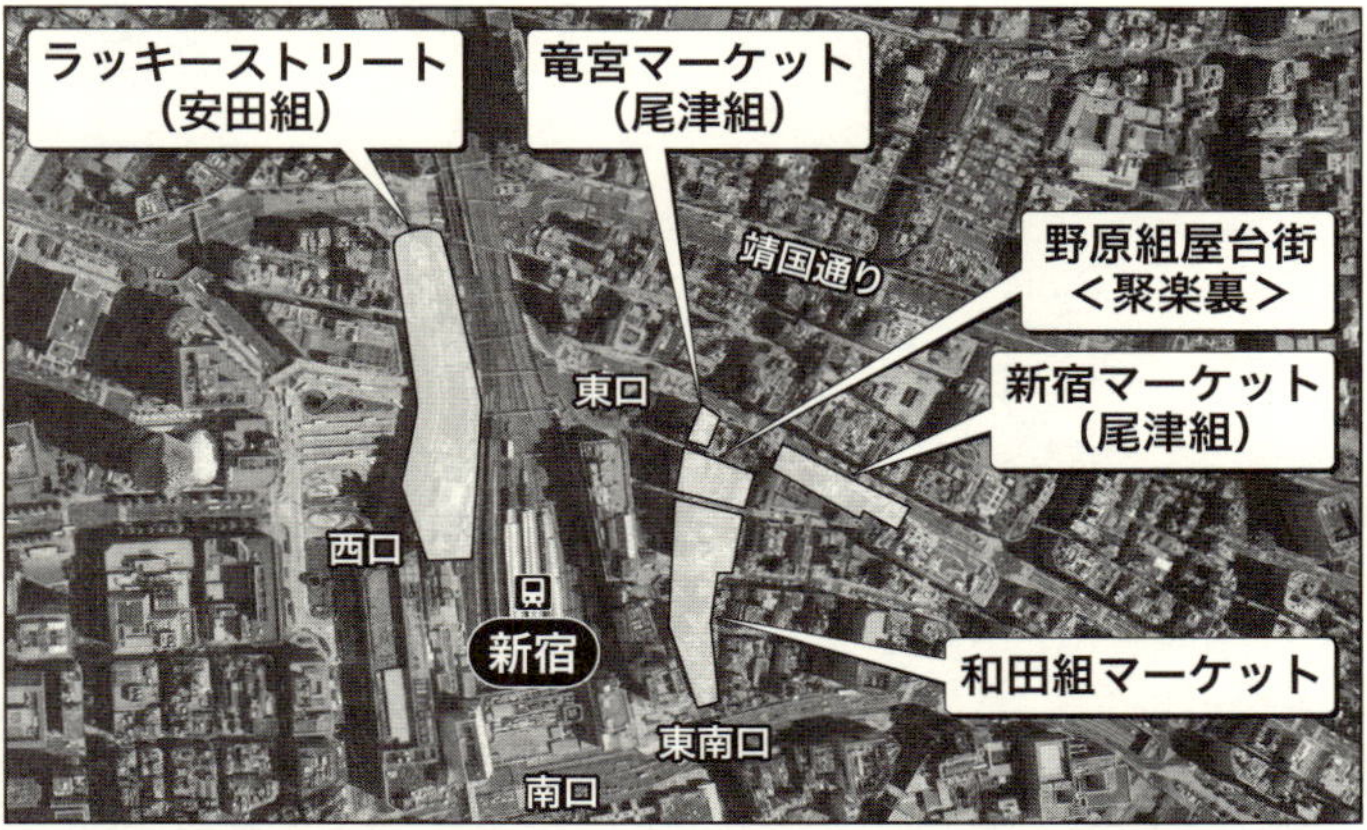

終戦直後の新宿駅周辺には、複数のヤミ市が立っていた。西口にあったラッキーストリートは、現在の小田急の駅ビルの位置にまで広がっていた（2009年撮影／国土地理院航空写真を加工して作成）。

前の再開発によってこれらの店舗も立ち退きを求められ、ビルになっていてもおかしくない。

立ち退かずに済んだ理由は、残った三分の一の土地は、闇市時代に各店舗がそれぞれ購入した私有地だったことだ。内部は土地所有者が非常に細かく分かれていて買収調整が難しかったために、再開発・ビル建設から取り残されたのである。

現在、思い出横丁で営業している店主のなかには、防犯や防災、インフラなどの面から再開発を願う人も少なくないという。地権という問題は現在も残っているが、やがて思い出横丁も、再開発の波に飲み込まれることになるのかもしれない。

女子大、公園、伊勢丹……おしゃれタウン相模大野の知られざる過去

小田原線 OH 28

相模大野
Sagami-Ono
さがみおおの

小田原線の相模大野駅は、江ノ島線との分岐点でもあることから一日平均一二万人以上もの乗降客数がある、相模原市の南の玄関口ともいえる存在となっている。多くの商業施設やホテルが入る駅ビル・ステーションスクエアをはじめ、駅の北口一帯には、伊勢丹相模原店、高層住宅と商業施設を兼ねたロビーシティ、複合文化施設のグリーンホール、相模女子大などが建ち、モダンな雰囲気を醸し出している。

しかし、現在のイメージとは裏腹に、じつはこれらの施設の多くは、軍事施設の跡地を利用して開発されたものである。現在の華やいだ街並みからは想像もできないであろう。

そもそも一帯は、畑や雑木林の広がる農村地帯だった。大きな変化がもたらされるきっかけは、一九三七（昭和一二）年に東京の市ヶ谷から陸軍士官学校が座間村に移転してきたことに始まる。この一帯は、天皇により「相武台」と名付けられた。起伏の少ない広大な平地があり、東京に近く、天皇の行幸にも便利だったことなどが、当地が選ばれた理由だった。

相模大野駅周辺の陸軍施設跡

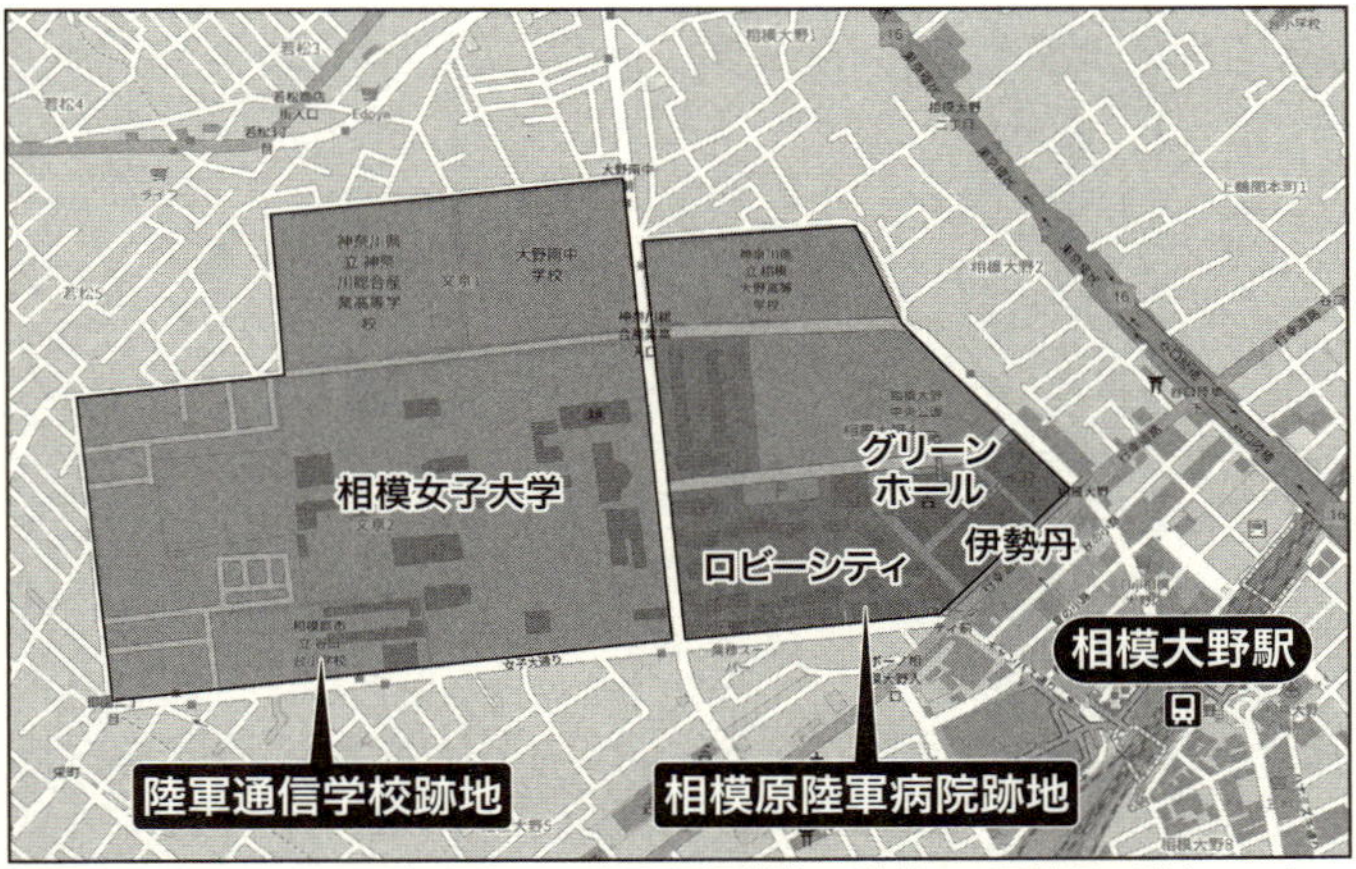

相模女子大などがある文京地区は陸軍通信学校の跡地で、伊勢丹、グリーンホールなどがある土地は、相模原陸軍病院（その後、米軍医療センター）の跡地にある。（ⒸOpenStreetMap）

この移転を皮切りに、陸軍病院や通信学校、電信第一連隊、造兵廠《ぞうへいしょう》、兵器学校といった軍事施設が続々と相模原一帯に移転・建設され、軍都の様相を呈していった。

駅周辺が軍都に変貌

陸軍士官学校は、現在の相武台前駅の近くに建設されたが、相模原陸軍病院や陸軍通信学校などの施設は現在の相模大野駅近くの大野村に建設され、大野村は軍事施設を中心に発展していった。

小田原線の相模大野に駅ができたのは、陸軍通信学校が開校する前年の一九三八（昭和一三）年のことである。すでに一九二七（昭和二）年から小田急小田原線が走っていた。その二年後に江ノ島線が開通するが、まだ駅はなく、ポイント操作の信号所ができただけだった。ところが、陸軍施設が次々と建設されたことで駅が必要になり、「通信学校」駅が誕生したのである。その後、一九四一（昭和一六）年に、防諜上の理由から現駅名の相模大野駅に改称された。

また一九三八（昭和一三）年に、臨時東京第三陸軍病院が開設されると同時に、小田急は隣に「相模原駅」も新設している。しかし、三年後に国鉄横浜線（現・JR横浜線）に相模原駅を置くことになり、小田急は「相模原駅」の名を国鉄に譲り、現在の小田急相模原駅へと変更している。

小田急が駅を新設するほど軍都として開発が進んだ相模大野周辺だが、終戦後に状況は一変する。一帯に広がっていた陸軍施設は、米軍に接収されたり、別の公共施設へと転用されていったのである。

陸軍通信学校の跡地は、一九四六（昭和二一）年に帝国女子専門学校（現・相模女子大学）が移転してきたのを皮切りに、谷口台《やぐちだい》小学校、大野南中学校、県立相模台工業高校（現・神奈川総合産業高校）など、教育施設が立ち並ぶエリアに様変わりした。その他の周辺軍事施設はアメリカ軍に接収され、陸軍士官学校はキャンプ座間、電信第一連隊一帯は米軍相模原住宅地区、相模原陸軍病院は米軍医療センターへと変わった。

米軍医療センターの診療部門がキャンプ座間、病院部門が横須賀米海軍基地へとそれぞれ移転することとなり、やがて一九八一（昭和五六）年、医療センター跡地の全面返還がなされた。跡地には順次、中央公園や立体駐車場、グリーンホールやロビーシティ、そして伊勢丹相模原店などが建設された。伊勢丹出店に際しては、相模大野での集客が心配されていたというが、通勤するサラリーマンやOLのほか、主婦、子どもたちの服装や持ち物などを事細かにチェックした結果、都会的なセンスのある街だと確信し出店を決意したという。

通信学校の将校集会所の建物を利用した、相模女子大学の茜館。横にあるフランス庭園も戦時中からの施設（相模原市教育委員会提供）。

現在の様子からは、この地に軍事施設があったことなどイメージしづらい。しかし、相模女子大学構内には、通信学校の将校集会所だった建物を保存した「茜館《あかねかん》」をはじめ、校門や給水塔などの軍事遺産が点在し、ハイソな街に変貌を遂げた相模大野のなかで、軍都の面影を残す稀有な場所となっている。

代々木上原・八幡一帯は、縄文時代から住みたい人気の街！

小田原線 OH 04

代々木八幡
Yoyogi-Hachiman
よよぎはちまん

代々木上原、代々木八幡一帯は、住みたい街ランキングで必ず上位に入る住宅街である。新宿、渋谷といった都心に近く、アクセスも便利な場所にありながら、代々木公園など豊かな緑が広がり、閑静な住宅街として人気を誇っている。

じつは驚くことに、この代々木が人気だったのは現代だけの話ではないらしい。約一万二〇〇〇年前の縄文時代の太古から、住みやすい土地だったようである。

その痕跡を見ることができるのが、代々木八幡神社の境内に展示されている住居址である。ここからは多くの土器や石器とともに、柱穴をともなった縄文時代の住居址が発見されている。これをもとに、一九五一（昭和二六）年に渋谷区は同所に、円錐状の茅葺《かやぶき》屋根に煙抜きの穴がそびえる竪穴式住居を復元した。内部に入ることはできないが、ここに行けば縄文時代の代々木八幡のようすを知ることができるだろう。

一帯が縄文時代にも好んで住まれていた理由とは何だったのだろうか。

その理由のひとつは、当時この地が岬の突端にあったことである。代々木八幡神社は周

代々木八幡神社境内で再現された縄文時代の竪穴式住居。森のなかで暮らした当時のようすがわかる。

囲に比べると高い場所にあり、標高三二メートルの台地に位置している。現在はこの麓に山手通りや井ノ頭通りが走っているが、縄文時代は深く入り込んだ入り江になっていた。当時は現在より温暖で、海水面が高かったのである。つまり代々木八幡は、いわば海をのぞむ高台にあたった。

このような立地が好まれたのには、理由がある。縄文人も一番恐れたのは、津波や洪水、地震といった自然災害である。これらはいつ起こるかわからない。そのため縄文人は、地盤が強固で、津波や洪水の被害にも遭いにくい、高台に住居を構えたのであろう。三方を海に囲まれた開放的な岬の突端は、快適かつ安心安全な場所だったに違いない。

湧き水があった代々木八幡

代々木八幡が選ばれた理由は、高台ということだけではない。もうひとつ、近くに湧き水があったことも挙げられる。縄文人にとって安定的な飲み水の確保も重要な問題であった。とはいえ、水を簡単に確保できる水辺は、洪水や津波などの自然災害に遭いやすい。その点、代々木八幡は湧き水を手にできながら、高台にあったのだから、縄文人にとっては好都合な場所だったといえる。

その証拠に、縄文時代早期（約九五〇〇年～六〇〇〇年前）から前期（約六〇〇〇年～五〇〇〇年前）にかけては、渋谷区内ではこの代々木八幡遺跡しか存在していない。ここが渋谷区内で最初に人が住んだ場所だった。その後の縄文時代中期（約五〇〇〇年～四〇〇〇年前）から後期（約四〇〇〇年～三〇〇〇年前）にかけて、渋谷区内に遺跡が増えていくなか、ここ代々木八幡は大規模集落を営むようになり、人気の場所として長く繁栄したものとみられる。

塔ノ岳山頂にある小田急が丹沢の観光開発に手を伸ばしていた証し

小田原線 OH 40
渋沢
Shibusawa
しぶさわ

丹沢《たんざわ》登山のルートのなかで、人気のルートのひとつが、渋沢駅からバスで大倉《おおくら》バス停まで行き、そこから表丹沢の大倉尾根を登るルートである。急斜面が少なく、ゆるやかな斜面が続く大倉尾根を登れば、富士山や相模湾を見渡せる標高一四九一メートルの塔《とう》ノ《の》岳《だけ》にたどり着く。

この山頂には、「尊仏山荘《そんぶつさんそう》」という山小屋がある。素泊まり一泊四五〇〇円で宿泊できる木造の山小屋で、その山荘の横には別の棟が建っている。こちらは一九四九（昭和二四）年に建てられた、前代の尊仏山荘である。じつはこの小屋が、小田急電鉄によって建てられたものだということは、あまり知られていない。

尊仏山荘という名前は、塔ノ岳の御神体である尊仏岩に因んで命名されたもので、現在の建物は三代目にあたる。初代尊仏山荘が建てられたのは一九三九（昭和一四）年で、これが丹沢山地で初めて建てられた山荘となった。このときは横浜山岳会によって建てられた。

しかし太平洋戦争が始まると、山岳会の会員も次々に応召していき、山荘を管理する者もいなくなった。

破壊された山荘を復活させた小田急

終戦を迎え、久しぶりに塔ノ岳に登った山岳会員が見たものは、見るも無惨に荒らされた尊仏山荘の姿だった。屋根や羽目板、床板がすべて剥がされて骨組みだけになっていた。心ない登山者によって、管理者のいない小屋が薪代わりに燃やされていたのである。

尊仏山荘がある塔ノ岳山頂。小田急がつくったのは、左の山小屋。

そこへ丹沢の観光開発を目論む小田急電鉄が、小屋の権利を譲ってほしいと、横浜山岳会へ申し入れたのである。登山者の安全のためには、山荘がなくてはならない。山岳会の人々は、これに応じるのが賢明だとして、権利譲渡に了承した。このとき譲渡の条件は、登山用天幕二張りと日本酒一升だったという。

一九四九年に小田急によって山荘建設の工事が行なわれた。延べ六二五人を動員して、大倉尾根から資材を担ぎ上げ、わずか四二日間で初代尊仏山荘の基礎の上に、二代目の尊仏山荘を完成させた。総工費は六二万五〇〇〇円だという。これが、現在の尊仏山荘の横に隣接している小屋である。

こうして丹沢山地に開発の手を伸ばすことになった小田急だが、このあとさらに大規模な開発を計画する。それが表丹沢ロープウェイ計画である。

小田急の開発熱に地元市民が反発

一九七二（昭和四七）年、水無川《みずなしがわ》上流の戸沢《とざわ》出合から、塔ノ岳手前の花立《はなだて》までの延長約一三〇〇メートルを、七〇人乗りのゴンドラで結ぶという計画が報道された。これは小田急がその一〇年ほど前から温めていた計画で、完成すればそれまで二時間四十分かかっていた登山ルートを、六分三〇秒で登ることができるようになり、幅広い層が丹沢の眺めを楽しめることになる。終点が塔ノ岳の頂上ではなく、手前の花立までなのは、そこから頂上までの約一キロメートルは歩いて登山を楽しんでもらいたいということだった。

しかし、ロープウェイを建設するとなれば大規模な工事が必要であり、丹沢の自然を破壊することになるかもしれない。地元から自然保護運動が起こり、「丹沢はすでに開発過度、無理な観光開発では」として、神奈川県と秦野市に建設中止の陳情書が提出された。

これを受け、神奈川県は小田急に対して、着工を無期延期するよう要請した。これは事実上の中止勧告であり、結局はロープウェイの事業計画は中止となったのである。

戦時中に沿線の極秘機関が小田急で運んだトンデモない物とは？

小田原線 OH 20

生田
Ikuta
いくた

現在の生田駅は、明治大学生や専修大学生などで賑わい、多くの人が乗り降りしている。だが戦前の生田駅を利用するのは、近隣住民以外では、もっぱら政府の役人という不思議な駅だった。

なぜなら、現在の明大生田キャンパスがある場所には、陸軍登戸研究所があったからである。ここでは、毒薬や化学兵器、細菌兵器、風船爆弾などが極秘裏に開発されており、厳しい情報統制が敷かれていた。研究所に一般の人が立ち入ることができないのはもちろん、周辺を歩いただけでも怪しまれた。

なかでも極秘とされていたのが、中国に対する経済戦略を担当する第三科である。ここでは、ニセ札の製造が行なわれていた。日本は一九三七（昭和一二）年から対中戦争に突入していたが、すぐに勝利することができるという軍部の目論見は大きく外れ、戦局は泥沼化していた。そこで、大量のニセ札を中国でばらまき、極度のインフレを起こせば、中国経済は混乱し、蒋介石《しょうかいせき》政権の信用を失墜させられると考えた。それに加え、そのニセ札を用いて日本の軍事物資を大量に調達しようとした。

一九三八（昭和一三）年頃には印刷機を導入して、翌年から中国紙幣の偽造が始まった。一九四一（昭和一六）年になると日本軍が香港を占領し、そこにあった中国紙幣の印刷工場から印刷機や輪転機を奪って登戸研究所に持ち込んだため、さらに本物同様のニセ札ができるようになったのである。

しかし、これが明るみに出れば、日本は世界中から非難を浴びるだけでなく、日本の紙幣までが信用を失うことになる。そのため、ニセ札の製造は軍部のごく一部にしか知らされておらず、その扱いはトップシークレットだった。第三科の建物は、登戸研究所のなかにあって、さらに高い板塀でぐるりと取り囲まれていた。

大量のニセ札を電車で運び出す

せっかくつくった本物同様のニセ札も、当然日本国内にあっては意味をなさない。中国大陸まで運び、そこでこっそりと流通させる必要があった。現在と違い、この当時は自動車を使うとかえって目立ってしまう。そのため研究所の役人や、スパイの養成機関として知られる陸軍中野学校の卒業生や、諜報部隊の人員などが、ニセ札を鉄道で運んだ。

運搬に際しては、ニセ札を木箱に梱包し、当時の生田駅から小田急線に乗ったという。

近くの登戸駅には南武鉄道（現・ＪＲ南武線）も通っていたが、なぜかこちらは用いられなかった。生田駅で積んだニセ札はまず新宿駅まで行き、山手線で品川駅へ出る。さらに東海道線を乗り継いで長崎まで運び、船で上海に渡った。ほかにも神戸から上海、舞鶴から釜山といったルートも使われたが、これは長崎経由のルートが使えなくなる危機に備えたものだった。

こうして中国へ運ばれたニセ札は、現地の諜報機関の手に渡り、倉庫内で使い古された本物の紙幣と混ぜられた。総計およそ四五億元の紙幣をつくり、そのうち二五億元をばらまいたと伝えられる。これらのニセ札で日本軍は、資材や砂糖、綿布などを大量に購入した。金の延べ棒やタングステンも買い集めたという。ほかにも情報収集や秘密工作の費用に充当されたこともあった。

そして終戦を迎えると、ニセ札の製造・運搬にかかわるものは証拠隠滅のため徹底的に破壊され、焼却された。現在の明大生田キャンパス内には、細菌兵器等の研究をしていた建物が資料館として残されている。このなかの第四展示室において、ニセ札製造の展示が行なわれている。本物の紙幣とニセ札を並べて比較できる展示もあり、見ればその技術力に驚かされる。

成立寸前だった高座市構想はなぜ頓挫したのか？

OE 05　OE 07
江ノ島線
大和
Yamato
やまと
高座渋谷
Koza-Shibuya
こうざしぶや

小田原線は、多摩川を渡ると、やがて鶴川〜町田間以外はすべて神奈川県域を走る。町田駅を出て相模原市に入ると、相模大野駅で江ノ島線が分岐。小田原線は座間市、海老名市を通り、やがて相模川を渡る一方で、江ノ島線は細長い大和市を抜け、藤沢市に入り、片瀬江ノ島へと至る。

こうして改めて見てみると、相模大野駅以南の沿線には、多くの自治体が存在していることがわかる。細かいため、どの駅がどの市にあるのか、よく知らないという人も多い。

じつは、この自治体が乱立している状態を整理して、ひとつの市をつくろうという動きがあった。その名も高座市《こうざし》で、もしこの試みが成功していれば、横浜市に次ぐ規模の自治体が誕生していたかもしれない。ではなぜ実現しなかったのだろうか。

合併の計画が生まれたきっかけは、一九五三（昭和二八）年に町村合併促進法が成立した時のことだった。全国的に合併の気運が高まり、当時八市三五町七三村が存在していた神奈川県でも、大幅に町村を減少させる計画を立てた。当時、多くの町村の財政が逼迫しており、小さな町村を合併して事務の合理化を進めようとしたのである。
そこで合併に関するさまざまな試案が提示された。有力なアイデアのひとつとして提示されたのが、大和町を中心に綾瀬町、渋谷町、海老名町、座間町を合併して高座市を誕生させるという案だった。

足並みの乱れと渋谷分町問題

この高座市構想は、財源が不足していた綾瀬町、大和町から熱心に推進された。しかし残りの三町が問題だった。座間町は合併については賛成だとしながらも、時期が早いのではないかと首を傾げ、海老名町も、有馬村との合併を行なった直後だったため、高座市構想はもう少し落ち着いてから考えたいという消極的な姿勢だった。

各町の足並みが揃わないまま、さらに事態を複雑化させたのが、渋谷町である。渋谷町では、南部の長後・高倉地区の人々が藤沢との合併を希望しており、それに反対する北部の上和田・下和田・福田地区の住民と対立していた。町議会において藤沢合併派議員が藤沢市合併案の強制裁決を行なうなど、両派の対立は深まるばかりであった。その結果、一九五五（昭和三〇）年に分町が決定してしまい、渋谷町の町域の三分の一、人口の半分にあたる南部が藤沢と合併し、残った町域が、綾瀬、大和のどちらかと合併することを前提

高座市構想

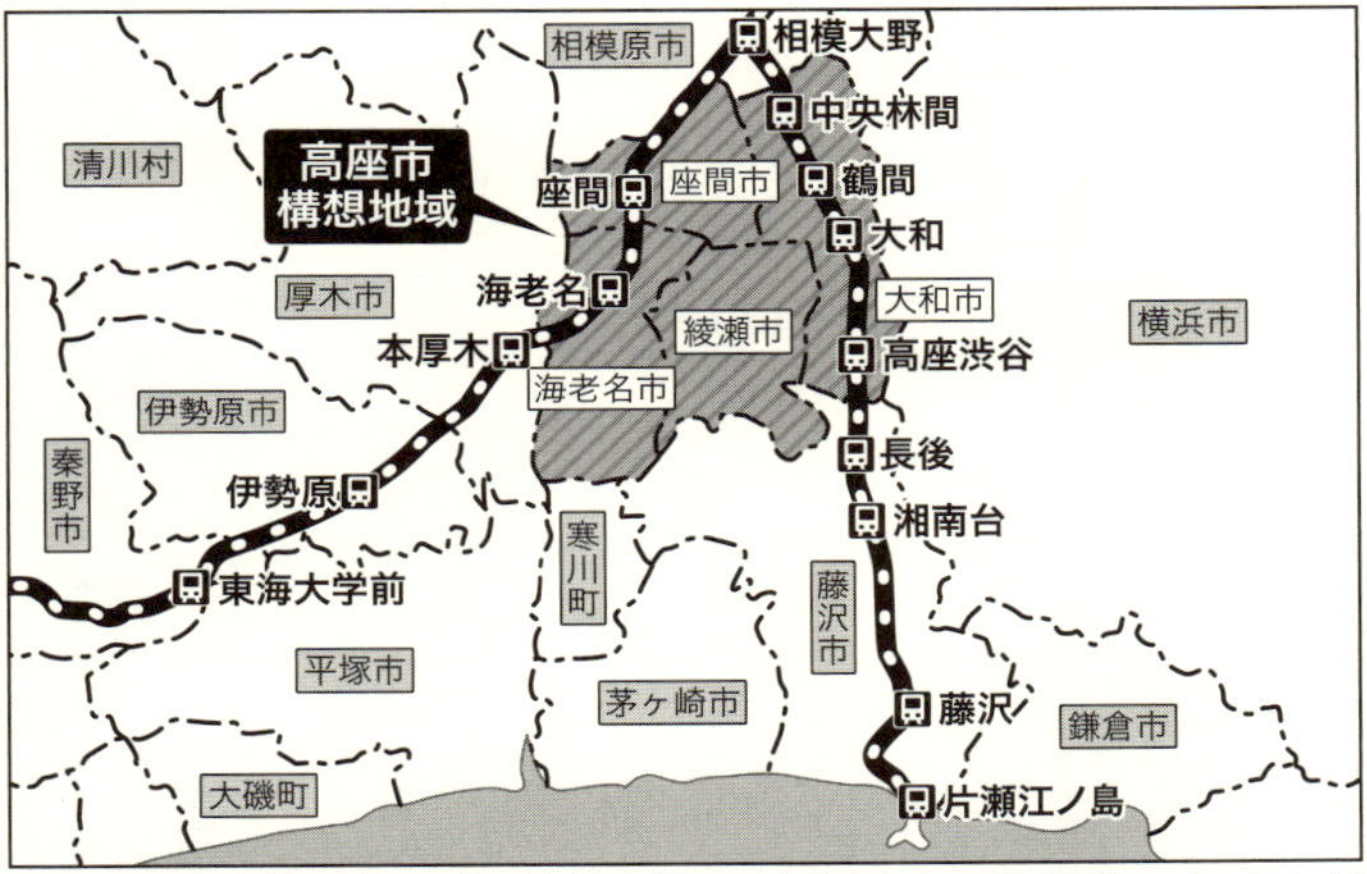

戦後、小田急沿線地域の一部が広域合併して高座市になる構想があった。これが実現していれば神奈川県央をまとめる巨大な自治体が生まれていた。

に渋谷村となった。

五町村の足並みが揃わないばかりか、渋谷町内の混乱もあり、高座市構想は遅々として進まなかった。合併に積極的な大和町が中心になって総会を開いたり、ほかの町村に正式な合併申し入れを行なうなどの努力をしたものの、結局、海老名町、座間町の消極的な姿勢は崩せず、高座市構想は立ち消えとなった。大和町は、渋谷村と合併し、現在の大和市となった。そのため、大和市域は南北に細長いのである。

この合併によって、渋谷の名は地名としてなくなった。現在は大和市の学校名や農協の支所名、そして、小田急江ノ島線の高座渋谷駅にかろうじて残っている。

秦野の山中に、ある日突然現われた湖が存在する！

小田原線 OH 39

秦野
Hadano
はだの

秦野駅の南側の丘陵地を通る県道六二号を進むと、途中、室川《むろかわ》を跨ぐ箇所で「震生湖《しんせいこ》入口」という名の交差点にぶつかる。この交差点を南へ進むと、つづら折りになった道の先に震生湖という湖がある。桜や紅葉に加え、釣りやバードウォッチングなど、季節を問わず多くの人が訪れる自然豊かな場所となっている。

この震生湖はその名の通り、一九二三（大正一二）年の関東大震災のときに、地震によってできた湖である。地震発生時、秦野市と中井町の境にある渋沢丘陵の一角にある、市《いち》木沢《ぎさわ》の山林が馬蹄形に幅約二五〇メートルにわたって崩落した。このときの土砂が市木沢を堰き止め、やがて水が溜まって湖となったのである。

この震生湖について記した『震生湖の自然観察』を見ると、興味深い記述が目に留まる。震生湖は、日本で一番新しい自然湖だというのである。

しかし現地に行くと、日本でもっとも新しい自然湖であることが記された案内板は存在しない。もっと日本一をＰＲすれば、注目を浴びて訪れる人も増えると思うが、じつは声

関東大震災のときに形成された震生湖。季節を通じて多くの人で賑わっている。

を大にして言えない事情があった。

確かに震生湖は、登録上は日本でもっとも新しい自然湖となっている。しかし、長野県の王滝《おうたき》村にも、一九八四（昭和五九）年に起きた長野県西部地震の際に、王滝川が堰き止められてできた湖が存在しているのである。ただしこちらは、登録上は河川扱いとなっていて、湖ではない。しかし地元では通称〝自然湖〟とされ、カヌーなどを楽しめる湖として観光振興が行なわれている。そのため、震生湖が登録上は日本最新だとしても、ＰＲしづらい状況にあるようである。

これを受け、震生湖を管理する秦野市観光協会は、「日本でもっとも新しい湖」という表現でのＰＲ活動を控えているという。

鶴巻温泉のお湯は、珍しい数百万年前の太古の海水

小田原線 OH 37
鶴巻温泉
Tsurumaki-onsen
つるまきおんせん

新宿駅から小田原線の急行列車に乗って一時間ほど経つと、鶴巻温泉という名前の駅へ到着する。小田急で唯一「温泉」が冠された駅だが、駅の周辺を見渡しても、マンションが建ち並ぶ郊外の住宅街が広がっているだけで、温泉街の面影は感じられない。本当に温泉があるのかと思う場所だが、ここは小規模ながら確かに温泉郷である。駅から見てマンションの裏手に数軒の温泉施設や旅館がある。

鶴巻温泉の始まりは、一九一四（大正三）年のことで、住民が飲み水を求めて井戸を掘ったところ、二五度ほどの温かい水が出てきたことによる。この水は塩分が強いため飲み水にも灌漑用水にも向かず、一九一八（大正七）年に、そのお湯を用いた温泉旅館が開業した。やがて小田急線が開通すると、大山詣での人々が立ち寄るようになり、温泉旅館が続々と開業し、その数は最盛期には二〇軒近くに及んだ。

その後、周辺が宅地開発され、周辺の大学に通う学生のためのアパート建設なども進み現在に至っている。

世界有数の泉質

この鶴巻温泉のお湯は、じつはとても珍しい泉質である。数百万年前の太古の海水が湧きだしているのである。

温泉といえば、箱根の温泉ように火山の近くにできるイメージだが、それが成因のすべてではない。非火山性温泉という、火山とは関係なく湧き出すものもある。非火山性温泉には二つの種類があり、ひとつは地表に降った雨や雪の一部が地中にしみ込み、それが地下で温められた深層地下水型という温泉である。そして、もうひとつは鶴巻温泉のような、太古の地殻変動などで地下に閉じ込められていた数百万年前の海水が湧出してできた化石海水型という温泉である。

しかも鶴巻温泉のお湯は、カルシウム塩化物泉という、世界でも例の少ない特異な泉質をもつ。一般的な化石海水型の温泉は、食塩が豊富に含まれるナトリウム塩化物泉である。鶴巻温泉では、地中の岩石の成分が化石海水へ溶け出ているため、カルシウムが豊富になっているといわれている。

鶴巻温泉は、都心から一時間で行けて、しかも世界有数の珍しいお湯に浸かることができる、小田急沿線の隠れ名スポットである。

なぜか小田原に県庁が置かれていた時代があった！

小田原線 OH 47

小田原
Odawara
おだわら

小田原のシンボルのひとつといえば、小田原城であることは誰もが認めるところであろう。一五世紀末、北条早雲《ほうじょうそううん》が奪取し、以後約一〇〇年間にわたり、北条氏の関東支配の拠点となった城である。戦国時代を通して増築が重ねられ、外郭にある防御施設の総構堀は、周囲九キロメートルにも及び、現在の市街地をすっぽりと包み込むほどの規模であった。その威容は〝戦国最強の山城〟と人々にいわしめるほどであった。

中世は、関東支配の拠点としてその存在感を示した小田原城であるが、近代になって、県庁として、一帯の政治の拠となったことがある。

「神奈川県庁は横浜市にあるはず。いったいなぜ小田原にあるのか」と疑問に思うかもしれない。だが小田原城に置かれていたのは、神奈川県庁ではなく、現在は存在しない小田原県（または足柄県）の県庁である。

小田原城に県庁が置かれた背景を、明治初期の歴史から紐解いてみよう。

四県あった現在の神奈川県域

一八六八（明治元）年、明治維新により、日本の政治体制は大きく変わった。一八七一（明治四）年、廃藩置県が実施され従来までの藩がなくなり、地方の統治についても明治政府が主導する中央集権化が行なわれた。

明治政府はまず、旧藩をそのまま県の単位に置き換えた。このとき、現在の神奈川県域では、神奈川県、小田原県、荻野山中《おぎのやまなか》県、六浦《むつうら》県の四つの県が置かれた。このとき小田原県の県庁は、小田原城の二の丸にあった藩邸に置かれた。

しかし、旧藩をそのまま県に置き換える方法は、全国で三府三〇二県を生むことになり、あまりにも数が多すぎた。そのため明治政府は順次、県の統廃合を進めていった。現在の神奈川県域でも同年一一月、六浦県が神奈川県に統合されている。

このとき小田原県も荻野山中県と統合され、足柄県になった。さらに韮山《にらやま》県になっていた旧伊豆国の領域も統合され、現在の神奈川県域の多くと、伊豆半島を含む広大な領域になった。小田原県ではなくなったものの、県庁は小田原城の二の丸にそのまま置かれることになったため、小田原は依然として一帯の県政の中心地であり続けた。旧相模国と旧伊豆国を小田原城が統治するとは、まるで北条氏の治世が戻ってきたかのようだった。

足柄県の知事となったのは、旧韮山県（旧伊豆国）の判事・柏木忠俊だった。小田原の人々から見れば、〝よそ者〟だったが、困難な財政状況にもかかわらず、教育と地租改正、殖産興業などの改革を進めながらも、小田原の文明開化を一手に担い発展させた。しかしわずか四年五か月後、柏木知事の県政も、一八七六（明治九）年の合併によって終わる。足柄県が廃止され、旧韮山県域以外の地域が神奈川県に編入されたのである。

地理的、政治的理由で廃止

県政がうまくいっていたにもかかわらず、足柄県はなぜ廃止されてしまったのだろうか。それには地理的、政治的理由がある。足柄県域は「天下の嶮《けん》」と呼ばれる箱根山が真ん中にあり、旧相模国側と旧伊豆国側とが地形的に分断されてしまう。そのため箱根山を境に県域を分けたほうがよいという意見は以前からあった。これが地理的理由である。

政治的理由としては、横浜を中心とする経済圏の拡大が見込まれており、そのエリアをひとつの県（神奈川県）にまとめたいという、明治政府の方針も背景にあった。これらふたつの理由から足柄県は消滅した。

神奈川県になったことにより、小田原城にあった県庁は陸軍省に売却され、小田原は県政の中心地ではなくなった。

戦国時代の石垣山に近代の戦争遺構が眠っている！

小田原線 OH 47

小田原
Odawara
おだわら

小田原で城といえば、北条氏の小田原城が思いつくが、その名が知られた城がもうひとつ存在する。小田原市の南西にある石垣山城《いしがきやま》（通称・一夜城）である。

石垣山城は、豊臣秀吉が小田原城攻めを行なった際に、わずか八〇日ほどの短い期間でつくり上げたとされる城である。

この短い期間で本丸を中心に二ノ丸、三ノ丸、天守台など立派な城を完成させたというのだから、そのスピードは驚異的である。しかも、秀吉は完成と同時に周囲の樹木を伐採したので、周囲からはまるで突然城が出現したように見え、これで戦意を喪失した北条氏側が降伏を決意したといわれている。実際には、直前まで築城していることを北条氏が知らなかったかどうかは疑問だが、小田原城攻めにおける石垣山城築城の効果は大きかったはずである。

現在も、石垣山城には、当時の曲輪《くるわ》の跡がよく残っており、戦国時代の山城の特徴が見てとれる。

本土決戦に備えた終戦間際の遺構

この石垣山城には、秀吉の小田原城攻めとは別に、もうひとつ戦争の遺構が残っている。戦時中につくられた横穴陣地跡である。戦国時代の城に近代の戦跡があるとは不思議である。

第二次世界大戦末期、沖縄が陥落し、もう米軍の本土上陸は避けられない状況に陥ったと判断した軍部は、米軍が上陸する場所を予想し、迎え撃つ体制を整えようとしていた。いわゆる〝本土決戦体制〟である。このとき、米軍の上陸予想地とされたのが、千葉県の九十九里浜一帯と神奈川県の相模湾一帯だった。

相模湾一帯の上陸予想地は、藤沢一帯と、二宮から石垣山に至る小田原付近に絞られた。そこで小田原を守るため、市の西部にある石垣山と、東部の曽我《そが》丘陵にそれぞれ拠点を設けた。海岸と平野部を、東西から見下ろす形となり、上陸する米軍を迎えるには絶好の場所だった。

小田原へは、一九四四（昭和一九）年に大阪・兵庫出身者によって編成され、当初は沖縄に送られる予定だった、陸軍第八四師団の約一万人が派遣された。それだけでなく、一般市民や子どもたちまで動員して、石垣山と曽我丘陵で陣地づくりが始まった。

小田急沿線のおもな本土決戦用遺構

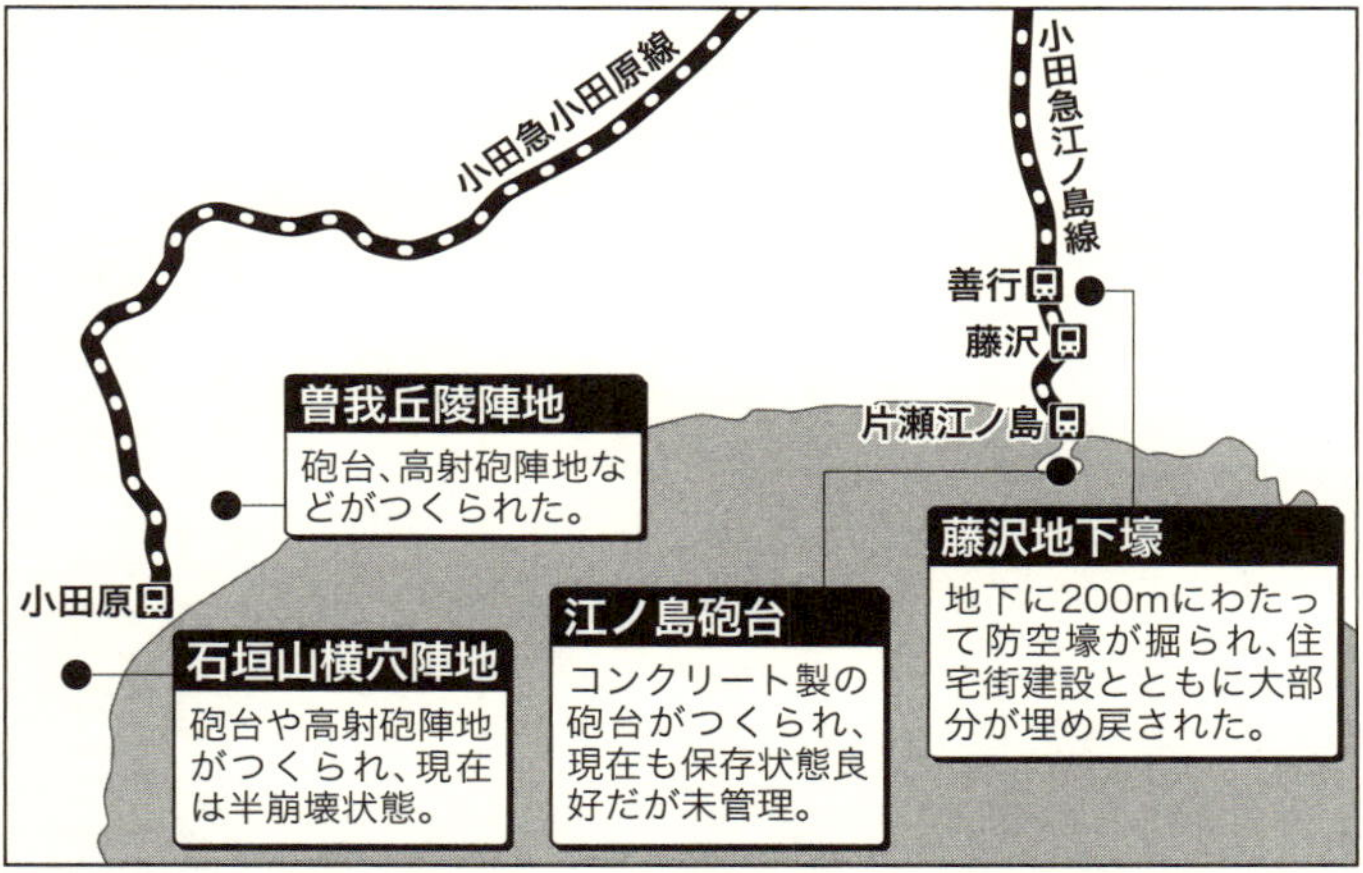

太平洋戦争末期、本土決戦に備えて神奈川県下には数々の陣地が築かれ、小田急沿線にも現在観覧可能な遺構が残る。

石垣山では、海の反対側の斜面からトンネルを掘り、海岸側に小さな穴をあけ、横穴陣地がつくられた。そこへ砲台や機関銃座を設けて敵を迎え撃つという作戦だったようである。また高射砲陣地もつくられていたという証言もある。しかしこれら横穴陣地は実際に使われることなく、未完成のまま終戦を迎えた。

このときつくられた横穴陣地は、その多くがミカン畑の造成などで削られていったものの、かろうじて三か所のみは現存している。しかしそれらも、ほとんどが埋まっている状況にあり、風化してしまうのも時間の問題となっている。近代の戦争遺構も残る戦国時代の山城とは、日本史ファンにはたまらないスポットだろう。

薪を背負った二宮金次郎の姿がなくなりつつある今どきの事情

小田原線 OH 43

栢山
Kayama
かやま

小田原市栢山出身の偉人といえば、誰しもが金次郎《きんじろう》こと二宮尊徳《にのみやそんとく》を挙げるだろう。小田原線の栢山〜富水間の一帯には、二宮尊徳生家や尊徳記念館、油菜栽培地跡など金次郎ゆかりの場所が点在している。

金次郎は、江戸時代中期を生きた人物である。農家出身でありながら、必死に勉強し、その知識を活かして、小田原藩家老服部家の財政立て直しや、小田原藩内の農村復興を任された。金次郎が建て直した村は六〇〇にも及ぶ。晩年には、その実績を買われて幕府に登用され、武士の身分が与えられた。まさに栢山が生んだ逸材である。

一九二八（昭和三）年、兵庫県の資産家が昭和天皇の即位を記念して、約一〇〇〇体の金次郎の像を全国の小学校に寄贈して以来、金次郎の勤勉さを模範にしようと、小学校の敷地内に金次郎の像が置かれるようになった。

金次郎の像といえば、子どもの金次郎が薪を背負いながら、本を手に持っている立像を思い浮かべることだろう。これは、薪運びの間も惜しんで勉学に励んだ姿である。しかし、一昔前の金次郎の像と現在の像とでは、その姿が違っている。

栢山駅から約三キロメートル東側にある小田原市立豊川小学校の像は、金次郎は手に本を持っているものの座っており、傍らに薪が置かれている。薪運びの休憩の時間を勉学に当てるようすとなっている。また金次郎の菩提寺だった善栄寺の像は、正座しながら勉強する姿をしている。

いったいなぜ現在の像は、座った姿なのか。じつはこの背景には、昨今の時勢を反映した歩きスマホの問題がある。歩きながら読書をする姿は、歩きスマホなど〝ながら行動〟につながり、交通事故の危険性も増えるという指摘から、座って本を読む姿の像がつくられるようになった。

そもそも金次郎は歩きながら本を読んだりしておらず、座った姿のほうが実像に近いらしい。立像の金次郎は、明治期に発刊された子ども向けの伝記『二宮尊徳翁』の挿絵を参考にしたものという。挿絵では一生懸命に勉強する姿を印象づけようと、薪運びをしながら本を読む姿が描かれたが、この事実はない。弟子が著した伝記『報徳記』によると、金次郎は薪運びをしながら、勉強したことを暗誦していたのであり、手に本を持って歩いたりはしていなかったようである。

台地上の工業団地はかつて飛行場だった!?

小田原線 OH 34

本厚木
Hon-Atsugi
ほんあつぎ

本厚木駅を中心とする厚木地域は、古くは大山街道の宿場町であり、相模川を利用した水運の中継地として栄えた歴史ある街である。現在も神奈川県央地域の交通の中心地となっており、東名高速や小田原厚木道路、国道二四六号、同一二九号などの主要道路が走る。この交通事情の良さから、流通業やサービス業、研究開発などの大小企業が集まり、商工業の街としても栄えている。

この商工業の街を象徴するのが、本厚木駅からバスで約三〇分の場所にある「内陸工業団地」である。厚木市と愛川町にまたがるこの工業団地には、宅配業の物流拠点をはじめ、食品メーカーや金属メーカー、自動車部品メーカーなどを中心とした大小の企業が一〇〇社以上も集まっている。

この大規模な工業団地があるおかげもあり、厚木市は昼間の人口が夜間人口より多い。一般的な首都圏の近郊都市では、都心部へ通勤する人が多いことから、夜間人口の方が多いが、厚木市ではその逆転現象が起きている。

内陸工業団地の南西にある排水路橋。戦時中に中津飛行場の排水のためにつくられたが、現在でも使用されている（愛川町郷土資料館提供）。

広大な農地が陸軍によって飛行場に

この内陸工業団地の南西に、少し目を引く構造物がある。公道の上をまたいでいる排水路橋である。水道が頭上を通っていることも不思議だが、戦時中につくられたという事実が、さらに珍しさを際立たせている。じつはこの排水路橋は、「相模陸軍飛行場（通称・中津飛行場）」の遺構なのである。

飛行場といえば厚木基地が有名だが、じつはこの内陸工業団地があった場所にも、かつて飛行場があった。もともとは中津村の畑地だったが、旧陸軍が三〇〇町歩（約三〇〇ヘクタール）を買収し、一九四一

（昭和一六）年に少年飛行兵育成のための訓練所を開設した。五〇メートル近い急斜面を南北にもつ台地上に位置する同地は、下から吹き上げる風を用いて飛行機を飛ばすのに最適で、赤トンボと呼ばれた複葉複座練習機や、高等練習機である九七式戦闘機が訓練を行なっていた。その後は戦局の悪化にともない、本土決戦に備えて陸軍戦闘機「はやて」や「ひえい」などを擁した防空用の戦闘機隊が配備され、特攻隊の訓練基地にもなっていた。

終戦後、跡地はもとの農家に払い下げられて開墾されていったが、一九六六（昭和四一）年に現在の内陸工業団地として生まれ変わった。

飛行場の面影を残す遺構

工業団地になっている現在、飛行場だった光景は想像しづらいが、いまもひっそりと遺構が残っている。そのひとつが前述した排水路溝で、愛川町の下水課の管理のもと、工業団地内の排水施設として現役で使用されている。

ほかにも、飛行場の正門や通信室の跡などが残っている。正門は移設されているものの、縦横約七〇センチメートル、高さ二・一メートルの角柱には、表札をはめ込むための溝が刻み込まれている。通信室の跡もきれいに残っているが、現在は民間の建設会社の資材置き場になっている。

戦時中に中津飛行場で撮影された、疾風空輸機のエンジンが始動しているシーン。当時はこうしたプロペラ機が、中津の空を飛び回っていた（愛川町郷土資料館蔵、田原聖司氏寄贈、田原全由氏旧蔵）。

こうした遺構があるなか、中津工業団地第二公園にある土盛りも、航空機の格納庫の跡らしいとの流布がある。

しかし愛川町郷土資料館によると、これは飛行場とは関係ない施設で、終戦直後につくられた、野外音楽堂の跡とのことである。終戦直後、まだまだ国も地方も貧しく、遊べる場所が何もなかったため、当時の人が石を積み上げ、歌って踊れるステージをつくったのである。その年代を感じさせる石積みのたたずまいからか、戦時中の遺構という噂が立ったようだ。

農地から飛行場になり、再度農地化されたあと工業団地となったこの地域には、近代から現代における人の営みの痕跡が残っている。

小田原線 OH 26

玉川学園前
Tamagawagakuen-mae
たまがわがくえんまえ

町田市内の道路にはたぬき専用トンネルがある！

玉川学園前駅から町田駅の間には恩田川《おんだがわ》が流れている。小田急の線路がこの川を越える手前に市道が走っているのだが、この道には世界で初めての仕掛けが施されている。世界初とは、いったい何かというと、道の下にたぬき専用のトンネルを設けたのである。

このトンネルは、小田急の橋梁から約五〇〇メートル東側にある。かしの木山自然公園の脇を通る市道の下を横断する形で、公園と北側の林とをつないでいる。長さ一〇・二メートル、幅四五センチメートルのコンクリート製で、スムーズにたぬきが出入りできるよう、両側の出入り口からは、トンネルの真ん中へ向かって三・六メートルの下りスロープがつけられている。また、スロープとトンネルのコンクリートの間に砂利部分を設け、雨が降っても、この砂利部分が雨水を吸収して、トンネルに水が溜まらないように工夫されている。

たぬきの轢死を減らすために設置

なぜ、わざわざたぬきにだけこのような専用トンネルを設けることになったのか。それは、周辺の宅地開発に起因する。町田市には多摩ニュータウンの一部が広がるが、周辺一帯も大規模な宅地開発によって山林が切り開かれている。開発により、それまで山林を棲み処としていた野生のたぬきの縄張りはどんどん小さくなっていった。さらにそれらの縄張りも、道路などで寸断されてしまった。

そんなことは知らないたぬきは、当然のことながら、自分たちの縄張りを行き来する。その途中で、車にひかれてしまうたぬきが増えたのである。それだけでなく、走行中の車の前にたぬきが突然飛び出すことで、ドライバーがハンドル操作を誤って、対向車と接触する事故も発生した。

そこで、こうした実態を調査した地元の自然観察グループが、たぬきとの共存を実現するための運動を開始した。たぬきの交通事故死を減らそうと、一九九三（平成五）年には、たぬき飛び出し注意の看板を市内4か所に立てたほか、東京都に要請してたぬき飛び出し注意の交通標識を市内の都道3か所に設置した。そして一九九四（平成六）年三月に、市へ要望していた、たぬき専用トンネルが設置されたのである。

たぬき専用トンネルは、私たちに自然との共生を考えるきっかけを与えてくれる貴重な存在である。

唯一の生息地・鵠沼に生息している藤沢メダカとは？

OE14 OE15
江ノ島線

本鵠沼
Hon-Kugenuma
ほんくげぬま

鵠沼海岸
Kugenuma-kaigan
くげぬまかいがん

江ノ島線には終点・片瀬江ノ島駅の手前に、鵠沼海岸駅と本鵠沼駅の二つの駅がある。一帯の鵠沼という地名は、かつては沼がたくさんあり、鵠《くぐい》（白鳥）が多く飛来したことに由来するとされる。現在では多くの沼が姿を消し、駅の東側の小さな商店街を抜けたところにある、大小二つの蓮池《はすいけ》がその名残を伝えるのみである。

じつはこの蓮池は今では、白鳥よりも世界で唯一の生物がいることで注目を集めている。それは藤沢メダカという日本固有種で、このメダカは、世界のなかでも藤沢市内を流れる境川《さかいがわ》水系など二つの水系にのみ生息しているものである。

かつてこの一帯には水田や沼地が広がり、野生のメダカが多数生息していたという。しかし一九六〇年代以降、宅地開発によって沼地や水田が次々と開発され埋め立てられ、メダカも姿を消していった。残っていた蓮池にも、ペット用のメダカが持ち込まれ生態系が崩れていった。一九九〇年頃には、境川純系種のメダカは絶滅したと考えられていた。

ところが、そのメダカが生き伸びていたことが一九九五（平成七）年に判明した。市内の民家の池で、一九五〇年代に近所の池で捕獲したメダカの子孫が育てられていたのである。民家の池のなかで、約一〇〇〇匹にまで繁殖していたという。

そしてこのメダカをＤＮＡ鑑定したところ、絶滅したとされていた境川純系種のメダカであることが改めて確認された。これを受け、「藤沢メダカの学校をつくる会」が発足し、会のメンバーがこのメダカを育て、飼育を希望する市民に配布した。

そして現在、市民が育てたメダカは、二つの蓮池へ放流されている。以前は自然に戻ることについて、外来種に駆逐される恐れがあるとして敬遠されてきた。ところが二〇〇九（平成二一）年の東京海洋大学の調査では、飼育下に置き続けた場合のほうが、一〇年以内に遺伝子が途絶える可能性が高いことがわかった。むしろ数が多ければ自然淘汰の作用が働いて、藤沢メダカが生き残るであろうというのである。

そこで絶滅していたと思われていた藤沢メダカを、二〇一四（平成二六）年から放流を始め、約半世紀の時を経て自然に帰したのである。以後も、五〇〇〇匹、一〇〇〇匹単位で放流する放流会が計四回行なわれている（二〇一八年三月現在）。

蓮池周辺は桜小路公園として整備されており、気軽に立ち寄ることができる。また、この奇跡の藤沢メダカを間近で見たい人は、鵠沼海岸駅からすぐの場所にある藤沢市鵠沼市民センターで水槽展示されているので、足を運んでみてはいかがだろうか。

知られざる名産・万福寺人参が育つ麻生区の土壌の秘密

小田原線 OH24

柿生
Kakio
かきお

新百合ヶ丘駅の隣に柿生駅がある。この駅名は、明治時代に周辺一〇か村が合併する際に、一帯の名産品である禅寺丸柿《ぜんじまるがき》に因んで「柿生まれる村」と名づけられ誕生した柿生村に由来する。禅寺丸柿は、十三世紀に王禅寺《おうぜんじ》の山中で偶然発見され、全国へ広まっていった柿である。江戸時代には王禅寺丸柿と名づけられ、柿の王様としてもてはやされた。現在も地元では禅寺丸柿ワインなど、さまざまな関連商品が開発されている。

このように柿生の名産品といえば、地名に取り入れられるほどに禅寺丸柿が有名だが、じつはここの名産品は柿だけではない。かつては日本一に選ばれたという野菜「万福寺人《まんぷくじにん》参《じん》」の特産地でもある。

このニンジンの原産地は、新百合ヶ丘駅周辺に位置する万福寺一帯で、ここでは一九三二（昭和七）年頃から、根の長い滝野川人参《たきのがわにんじん》（東京大長人参）の栽培が始められた。そして戦後に品種改良がなされて誕生したのが、万福寺人参こと「万福寺鮮紅大長人参」だ。

このニンジンは、滝野川人参以上の長さ八〇センチにも成長する。肉質は柔らかく、糖度は一五度とフルーツ並みの甘さをもっている。一九五四（昭和二九）年から五年連続で農林大臣賞を受賞するなど、秀逸なニンジンとして有名になり、柿生の特産品となった。

日本一の秘訣は土づくり

この人参を生み出した秘訣は、土壌の質と耕作の方法にある。桑畑の多かった一帯の火山灰性の土壌は栽培に適していた。とくに現在の百合ヶ丘一帯の高台の土壌は最適だった。しかしそれだけではなく、手間暇かけた土づくりも欠かせなかった。栽培するには、事前に土壌を柔らかくする必要があり、一メートルほども土を掘り起こさなくてはならない。さらに収穫時にも、ニンジンを引き抜く前に土をほぐすことが必要となる。このように万福寺人参は、手間暇がかかって生み出されたのである。

しかし、こうした手間暇が敬遠されたのだろうか、高度成長期の宅地開発で栽培農家が激減したことも重なり、この栽培は一時途絶え、幻のニンジンとも呼ばれるまでになった。しかし歴史あるこのニンジンを伝えたいと、二〇〇〇（平成一二）年に地域の有志が「万福寺人参友の会」を設立した。現在では数は少ないながら農家で栽培されるようになり、多摩線黒川駅近くにある農産物直売所セレサモスなど、地域の施設で販売されているほか、収穫の時期に合わせて品評会が開かれ、万福寺人参の継承が進められている。

江ノ島線 OE 01

東林間
Higashi-Rinkan
ひがしりんかん

東林間駅の南にある、ぜいたくな使い方をしている自転車置き場の謎

東林間駅で降り、藤沢方面へ線路沿いに歩くと、線路と直交するように自転車置き場が両側に細長く伸びている場所に出る。駅に自転車置き場が隣接している光景は珍しくないが、その多くは高架下スペースや地下スペース、あるいはビル内など、空きスペースを有効利用した場所にある。わざわざ上に何もない場所に自転車置き場があるのは珍しい。贅沢すぎる土地の使い方である。

この自転車置き場になっている細長い土地は、じつは広い道路にすることも、ビルなどを建てることもできない土地である。それはこの土地の下に、横浜水道があるためである。

横浜水道とは、一八八七（明治二〇）年九月に完成した日本初の近代水道である。完成は明治時代だが、補修工事を重ねて、現在も相模原市緑区にある鮑子《あびこ》取水口から、横浜の野毛山《のげやま》配水池までの約四〇キロメートルに水を流している。

横浜水道の水道管が埋まっている場所の地上は、土地利用が制限されている。水道管を加重から守るため大型自動車の通行が許可されていないうえ、水道管の補修をするスペー

小田急線を横切る横浜水道みち

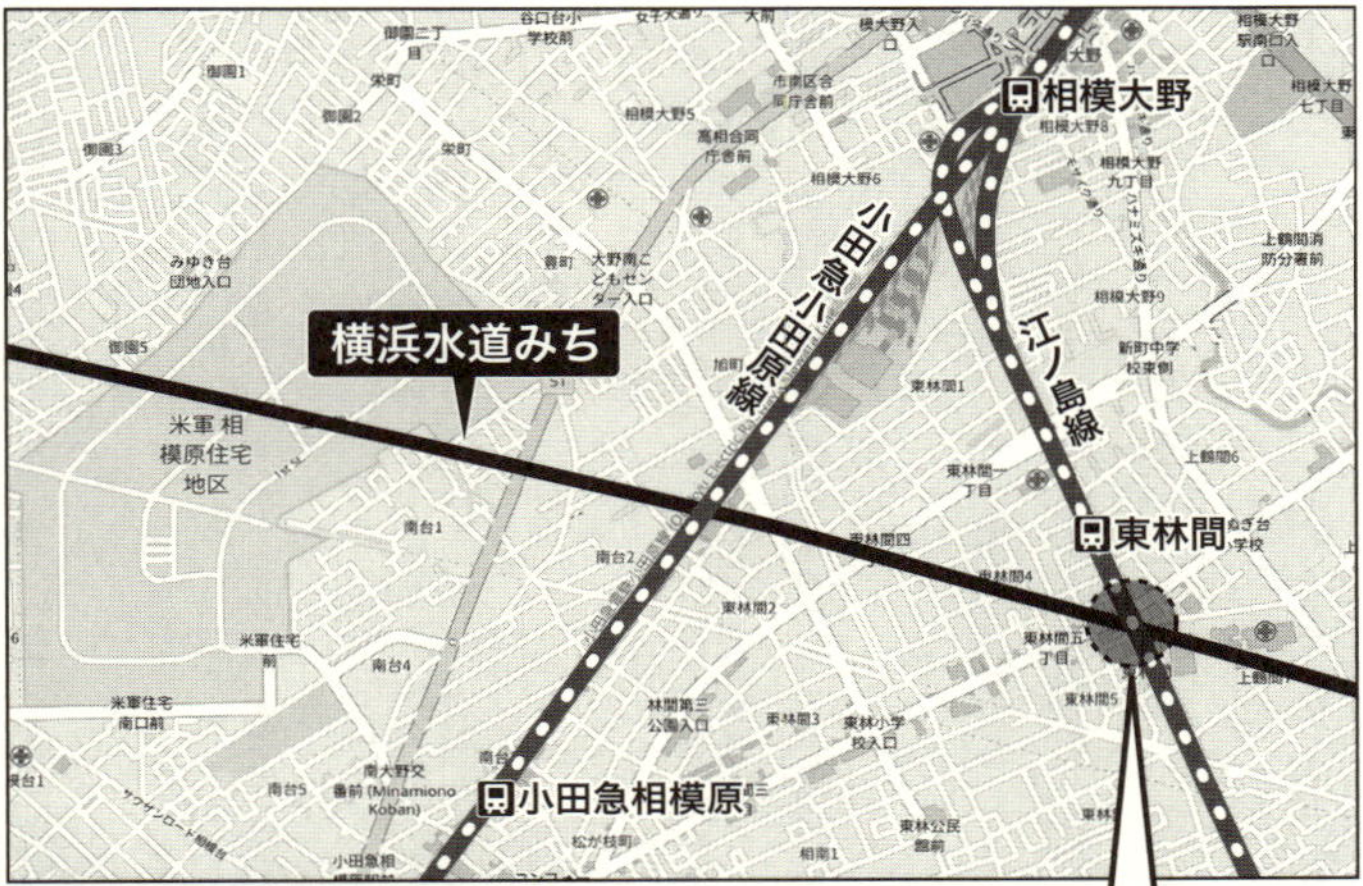

小田急線を横切って道志川から横浜の野毛山まで続く横浜水道みちは、大型車通行や建造物建設が制限されているため、緑道や自転車置き場となっている。（上：©OpenStreetMap、下：島田尚弥提供）

スを確保するため建造物の建設も禁止されている。そうした事情から、自転車置き場として使われているわけである。

整備され活用されている水道道

東林間駅の近くで自転車置き場として使われている横浜水道の地上区間だが、ほかの場所ではどのように使われているのだろうか。

「横浜水道みち」と呼ばれるこの土地は、相模原市、大和市、町田市（東京都）、横浜市の区間では「緑道プロムナード」として整備され、案内板も設置されている。車の通ることのできない、幅員の狭い小道となって住宅街や商業地区、農業地域などを貫通している区間もあれば、遊歩道や公園として整備されている区間もある。

横浜市側の水道みちについては、『相鉄沿線の不思議と謎』（小社刊）を参照されたいが、小田急沿線に限れば、相模原市南区上鶴間四丁目から中央区田名までの一二・二キロメートルは、平均一二メートルの幅員の歩行者、自転車用の通路となっている。アスファルトやブロックなどで舗装され、ところどころに芝生や遊具、ベンチが置かれた公園がある。同様に大和市下鶴間やつきみ野地区でも「さくらの散歩道」として整備された市民の憩いの場所となっている。米軍相模原住宅の敷地以外は、そのほとんどを辿ることができる。

夢にまで見た国産ジェット じつは秦野で生まれていた！

小田原線 OH 39

秦野
Hadano
はだの

ジャンボ機などの航空機には、空気を加圧・燃焼させ、ガスとして噴出するジェットエンジンが使われている。しかし現在、日本ではジェットエンジンを生産しておらず、航空機も海外からの輸入に頼っている。

ところが終戦間際、国産ジェットエンジンが生まれ、さらに飛行に成功していた。日本海軍が開発し、ただ一度の飛行で生涯を終えた幻の国産ジェット機「橘花《きっか》」である。この技術の要となる国産ジェットエンジン「ネ二〇」が開発された場所は、じつは小田急沿線の秦野だった。当時は農村だった秦野で、日本の最高技術が生まれていた。

一九四二（昭和一七）年、日本海軍はプロペラ機では不可能な高高度飛行を可能とすべく、ジェットエンジン開発のための「研究第二科」を新設した。一九四四（昭和一九）年に、ドイツが開発しているロケットエンジンとジェットエンジンの情報がもたらされた。日本はドイツにその資料の提供を求め、実際のジェットエンジン本体と断面図、航空機の図面等を入手する手はずをとった。

しかし、そのジェットエンジンを積載して日本に向かった潜水艦は、米軍の機雷攻撃によって沈没してしまった。研究者たちが得ることができたのは、空路で帰国した人物が、その手に携えていた断面写真とノート類だけであった。断面写真は小さく、最大に引き延ばしても詳細がわかる部分は少なかったが、研究者たちは、その一枚の写真からジェットエンジン製造のヒントを見抜き開発を進めたのである。

開発の中心となっていたのは、海軍大佐の種子島《たねがしま》時休《ときやす》で、その名が示すとおり鉄砲伝来で知られる種子島領主の種子島時堯《ときたか》の子孫であった。

専売公社の倉庫で進められたジェットエンジンの開発

ジェットエンジンを開発していた研究第二科は、横須賀の海軍本部に置かれていたが、横須賀は米軍の攻撃の標的となっていた。そのため研究を一時中止し、一九四五（昭和二〇）年四月に、七〇名ほどの人員が極秘裏のうちに秦野へ疎開した。そして日本専売公社秦野工場の北原《きたばら》倉庫で、研究開発が行なわれることとなったのである。

秦野のような田園地帯であっても食糧事情は悪く、戦況も悪くなる一方のなかで、国産ジェットエンジンの開発は再スタートした。タービン翼付根の亀裂や軸流圧縮機の噴出圧力不足、バックファイヤー現象など、数々の問題が発生するも、研究員たちは昼夜開発に励んだ。あくまで極秘裏の研究だったため、周辺の住民たちも北原倉庫のなかで何が行なわれているかは知ることがなかったという。

そしてわずか二か月ばかりで、国産ジェットエンジン「ネ二〇」を完成させた。「ネ」とは、ジェットエンジンを日本語にした「燃焼ロケット」「燃焼噴射推進機」の頭文字をとったものである。このエンジンは、六月には機体工場に運ばれて「橘花」に搭載された。

テスト飛行が行なわれたのは、終戦直前の八月七日のこと。燃料である、松の根から抽出した油とガソリンの混合オイルを入れた橘花は、千葉県木更津の飛行場から飛び立つと、東京湾上空高度六〇〇〇メートルで一周し、一二分の飛行に成功した。プロペラ機以外の国産飛行機が、初めて空を飛んだ瞬間であった。武器は積まず、最軽量の機体にしての実験だったが、安定した飛行ぶりで開発陣一同は自信を深めた。

しかし橘花が空を飛んだのはこの一度だけで、その後は実戦配備されることもなく終戦を迎えた。現在、残っているのはＩＨＩ田無工場で保管されている一機のみである。

現在、ネ二〇の開発が行なわれた秦野の北原倉庫跡地は住宅地となっており戦時中の面影はない。北原の名前を残すのは、きたばら児童遊園地という公園のみである。秦野が「ジェットエンジン発祥の地」だったことはあまり知られていない。

第四章

小田急を支えた知られざる沿線の交通史

東京都なのに町田市内を神奈中バスが走る謎

小田原線 OH 27

町田
Machida
まちだ

町田駅は、小田急の駅のなかでは新宿駅に次いで乗降客数が二位の駅である。ＪＲ横浜線との乗換駅でありながら、市内交通を支えているバスも多く発着する。

ここでバスに乗ろうとすると、不思議なことに気が付くだろう。バスロータリーで待っているのは神奈川中央交通、通称神奈中のバスばかり。小田急のお膝元ともいえる町田なのに、小田急バスは発着せず、神奈中バスがメインのバス会社になっているのである。

しかも町田は、れっきとした東京都の一部である。確かに神奈川県の位置関係を見れば、町田市を神奈川県と思い込む人がいても不思議ではない。町田市のホームページに、「東京都の南端にあり、半島のように神奈川県に突き出ています」と同市の位置について書かれている。町田市は東京都の端にあり、神奈川県と誤解されかねない位置にあるのは確かだろう。だから神奈中バスの路線網に組み込まれていても不思議ではない。

しかし、位置関係はともかく、小田急のお膝元にありながら、小田急バスが走らない理由にはならない。小田急バスではなく、神奈中バスなのはなぜだろうか。

町田駅前のようす。メインの大通りには小田急バスではなく、神奈中バスが走る。

先に神奈中バスに路線を張り巡らされていた小田急

その理由は、神奈中と小田急のバス会社の歴史にある。

神奈中バスの前身は、神奈川中央乗合自動車という会社である。大正期、神奈川県内では相次いでバス路線が開業しており、そのうちのひとつである横浜の相武自動車が、横浜西部の小規模事業者を統合して相武鶴屋自動車となった。相武鶴屋自動車はさらに、中央相武自動車を合併して東海道乗合自動車へと改称。この東海道乗合自動車が一九四四（昭和一九）年五月に藤沢自動車と伊勢原自動車を合併して誕生したのが、神奈中バスの前身である神奈川中央乗合自動車である。

町田に進出したのは東海道乗合自動車時代の一九四一（昭和一六）年のことで、原町田営業所を開設してバス路線を走らせ始めた。

一方の小田急バスが誕生したのは、一九五〇（昭和二五）年のことである。吉祥寺・調布間などでバスを走らせていた武蔵野乗合自動車を買収して小田急バス会社は設立された。つまり、小田急はそれまでバス会社をもっておらず、いざバス会社を抱えたときには、町田周辺には、すでに神奈中バスの路線が張り巡らされていたというわけである。

だが小田急は、神奈中バスと競合しているわけではない。小田急バスが誕生する前の一九四八（昭和二三）年、神奈川中央乗合自動車は小田急グループの一社となっていた。つまり、神奈中バスという名前ではあるが、小田急グループのバスが町田を走っていることになる。小田急からすれば、わざわざ小田急バスの新路線をつくる必要はない。

神奈中バスの路線網がすでにあったおかげで小田急バスが走らない駅となっている町田だが、逆に、小田急の駅ではないのに小田急バスが発着している駅もある。JR中央線と京王井の頭線が乗り入れる吉祥寺駅だ。これは、小田急バスの前身である武蔵野乗合自動車の本社が吉祥寺にあり、その頃から一帯にバスを走らせていた名残である。鉄道とバスの歴史をたどると、意外な結びつきに気付かされる。

神奈川中央交通のあゆみ

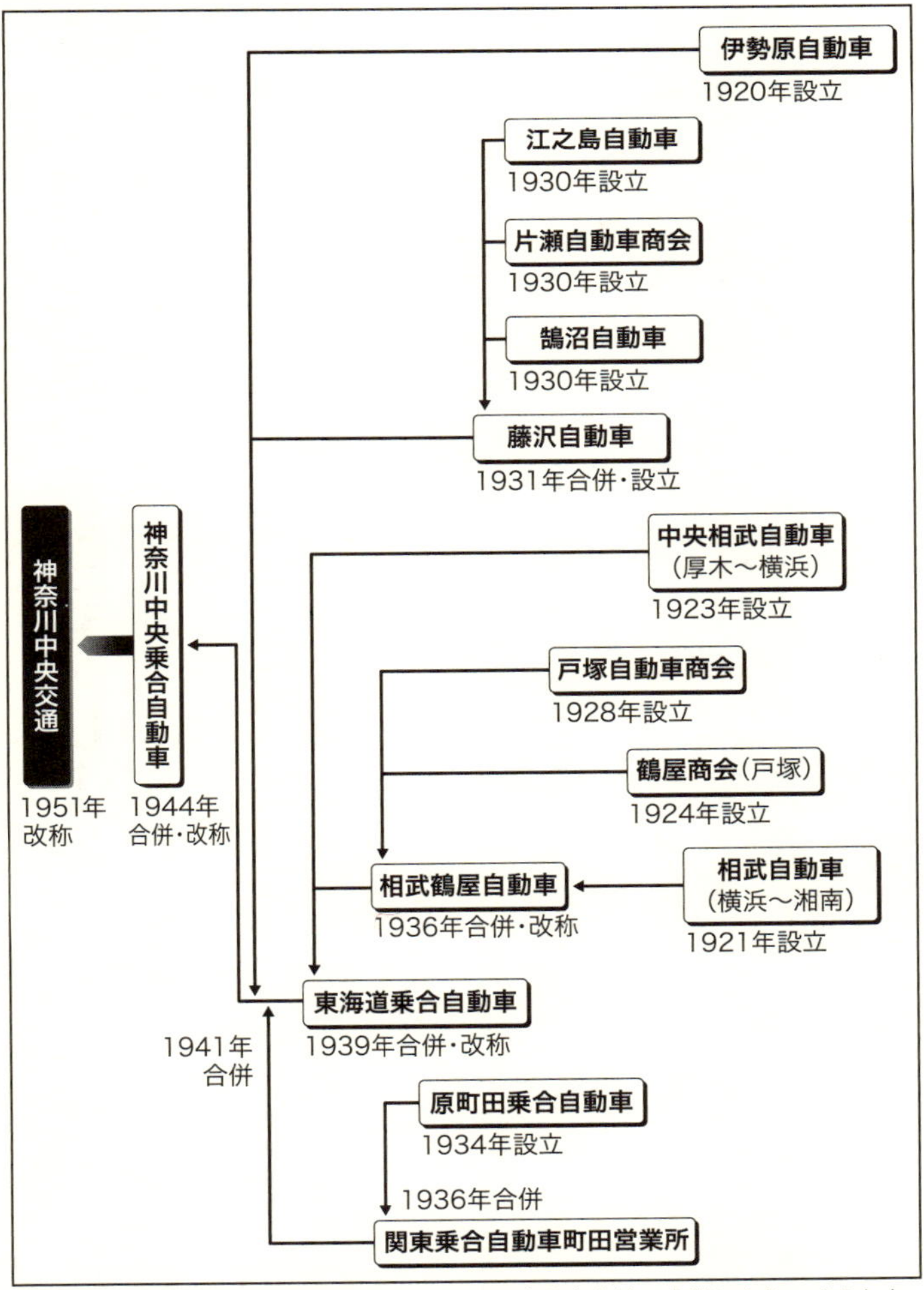

神奈川中央交通は、相武自動車を主体に複数の自動車会社の合併によりつくられた。その中に町田市域を含んだ会社もあったことから、町田の交通主体となっている。

延伸予定の多摩モノレール ホントに町田駅までつながるの？

小田原線 OH 27

町田
Machida
まちだ

町田市は、町田駅周辺を中心にベッドタウンとして発展してきたが、鉄道網の充実という意味では遅れ気味である。というのも鉄道路線の町田駅が市域の南部にあるため、大部分の市民はバスや自家用車をおもな移動手段としているからである。

町田市には、ぜひとも鉄道空白地帯に鉄道を開通させたいという思いがある。そこで持ち上がってきたのが、多摩都市モノレールを町田駅まで延伸するという構想である。

多摩都市モノレールは、多摩地域の南北方向の公共交通を充実させるために整備されている路線である。一九九八（平成一〇）年一一月に立川北～上北台間、二〇〇〇（平成一二）年一月に多摩センター～立川北間が開業し、現在は多摩センター駅と上北台《かみきただい》駅間の約一六キロメートルを結んでいる。今後、上北台～箱根《はこね》ヶ崎《がさき》間、多摩センター～八王子間、多摩センター～町田間という三ルートを合わせた総延長約九三キロメートルを整備する予定となっている。

町田市とすれば、多摩センター～町田間がモノレールで結ばれれば、市域の大部分を占

多摩モノレール町田延伸線

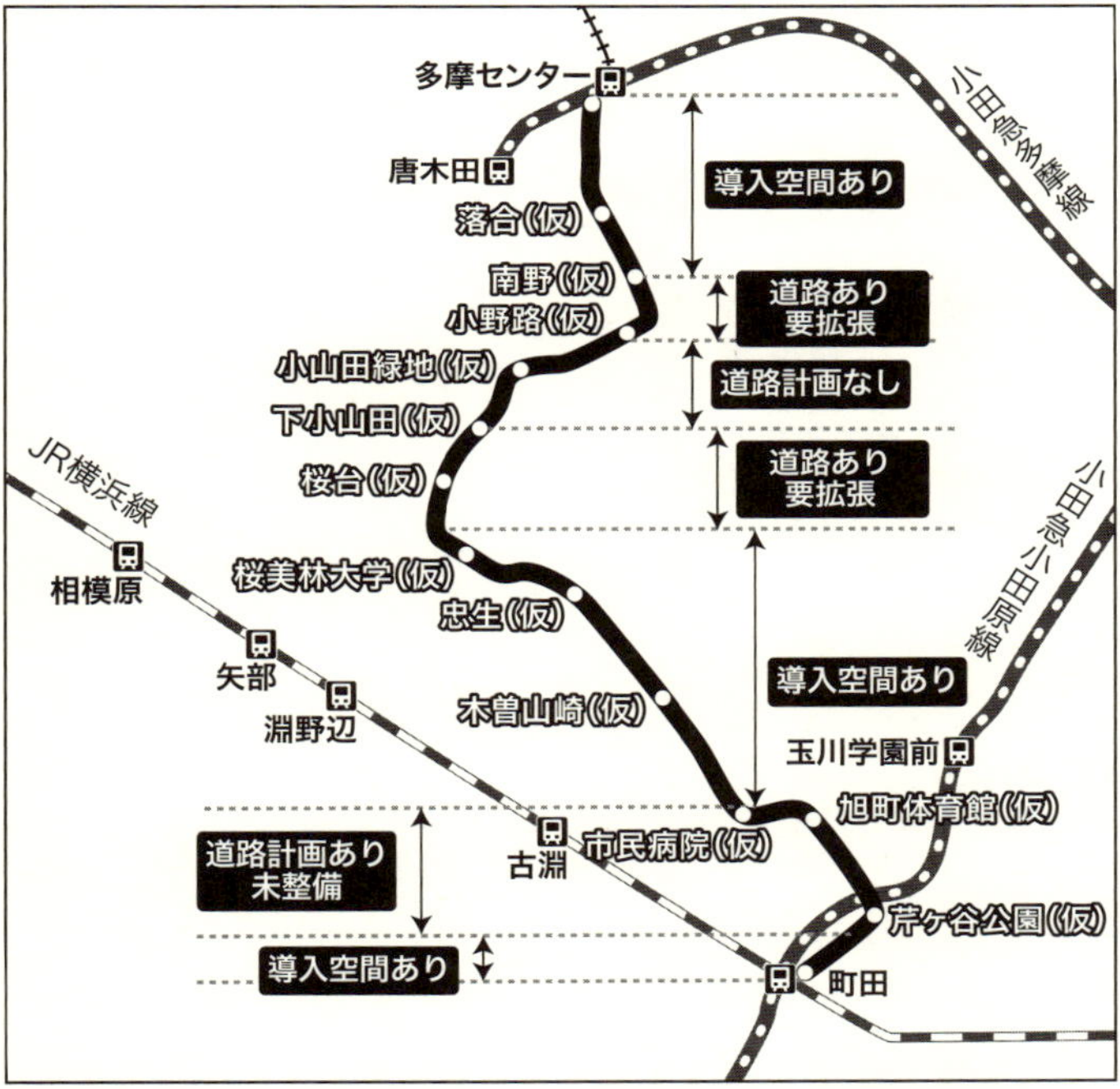

鉄道空白地域が大部分を占める町田市域に多摩モノレールが通る計画があり、一部の区間は用地も確保されているが、いまだ道路計画がない区間も存在する。

める鉄道空白地帯に鉄道が通ることになる。当該地の住民は、これまでバスか自家用車を利用して周辺の鉄道駅へアクセスしていたが、モノレールで市街地に出ることができるようになれば、利便性や速達性は格段にアップする。たとえば、小山《おやま》田桜台《ださくらだい》団地付近から町田駅までは、これまでバスで約三五分もかかっていたが、モノレールが開通すれば約一八分となる。立川駅までは、バスと電車を乗り継いで約一時間もかかっていたものが、モノレールが直通すれば約三四分で行けるようになる。

実現まではまだまだ高いハードルがある

二〇一六（平成二八）年四月に、国土交通省の交通政策審議会がまとめた答申で、町田方面延伸路線は、『「東京圏の都市鉄道が目指すべき姿」を実現する上で意義のあるプロジェクト』とされ、具体的に調整を進めるべきとなった。こうして、これまでの検討段階から事業化へ向けた調整段階へと前進した。町田市としても期待の大きい事業だけに、進捗状況が気になるところである。

モノレールを開通させるには、まずルートを確定させなければならない。町田市が策定したルートは、多摩センターから南下して小山田緑地を抜けて小山田桜台団地に至り、さらに桜美林大学から忠生《ただお》、山崎団地、木曽団地、町田市民病院前まで直進する。そして芹《せり》ヶ谷《や》公園を経由して町田駅へ直結するというものである。しかし、じつはこのルートは、町田市の意向で決めただけで、正式なものではない。今後は東京都とも連携して正式なルートを決定する必要がある。町田市の担当者によると、今後大きく変わる可能性はないが、一部でルート変更があるかもしれないということである。

ルート未決定区間のひとつである小山田緑地。谷戸の原風景を残す貴重な自然を惜しむ市民の声は少なくない。

現在、おおむね決まったそのルートに沿って、用地確保とモノレール設備を導入する空間の整備が進められている。多摩センター～多摩南野交差点間、桜美林大学～町田市民病院前間などは、すでに導入空間が確保されているが、多摩南野交差点～桜美林大学間などのような道路の拡幅が必要な区間や、道路計画すらない区間（小山田緑地内）もまだある。

さらに、町田市の住民のなかにも、小山田緑地などの自然破壊を懸念する声や、モノレールが道路の上空を走るために日照権を心配する声など、反対意見も少なくない。

町田市としては実現したい計画ではあるものの、じつは開通はまだまだ先の話である。

その昔、馬が引く危険な列車だった小田原の鉄道

小田原線　OH 47

小田原
Odawara
おだわら

小田原に鉄道が敷設されたのは、国鉄東海道本線小田原駅が一九二〇（大正九）年、小田急小田原線が一九二七（昭和二）年のことである。

じつはそれ以前にも、明治の頃から小田原には鉄道が走っていた。ただしその動力は蒸気でも電車でもなく、なんと馬だった。レールの上の客車を馬が引っ張る〝馬車鉄道〟が開通していたのである。これが現在の箱根登山鉄道の前身にあたる、小田原馬車鉄道だ。

当時、箱根は富豪や外国人が訪れる保養地となっていた。一八八七（明治二〇）年には東海道線が箱根に近い国府津を通るようになり、箱根を訪れる観光客の数はさらに増加した。しかし国府津《こうづ》～小田原～湯本間には鉄道がなく、依然として乗合馬車と人力車しか走っていなかったため、輸送力不足に陥っていた。

また、東海道線は国府津まで伸びたものの、そのルートは現在のＪＲ御殿場線であり、当時は小田原を経由していなかった。江戸時代には交通の要衝でありながら、廃藩置県や宿駅制の廃止によって衰退していた小田原城下にとって、東海道線が通らないことはさら

なる衰退を意味していた。

こうした背景から、地元小田原の有力者から鉄道を求める声が出始めるが、通常の鉄道ではかなりの資本が必要となる。そこで地元が着目したのが、当時東京の新橋～日本橋間で開通していた馬車鉄道だった。

そして小田原の有力者らにより小田原馬車鉄道が設立され、一八八八（明治二一）年に国府津～小田原～湯本間で開業した。二馬だての馬車が国府津～小田原間、小田原～湯本間をそれぞれ三〇～四〇分で結ぶ鉄道だった。開業当初の国府津～湯本間の乗車賃は、上等六〇銭、中等三〇銭、下等一一銭で、日雇い労働者の日当が三三銭の当時としては高い乗り物だった。

ところがこの馬車鉄道の開業は歓迎されていなかった。まずは仕事を奪われると、乗合馬車や人力車の車夫たちが猛反対した。馬車鉄道に対して打石や置石をしたり、わざと乗合馬車を線路に入れて運行の邪魔をしたりする妨害行動が激しかったという。挙句の果てに本社や重役の私邸へ乗り込み、暴行を行なう者まで出る始末だった。

そのため馬車鉄道は一時休業を余儀なくされる。それでも鉄道側は警察を動員し、反対派を封じ込めて妨害を鎮静化させたが、問題はそれだけではなかった。

何より馬車を引くのは馬である。馬糞をまきちらす馬糞公害が厄介だった。馬糞のにおいもさることながら、晴れた日は乾いた馬糞が舞い上がった。雨の日は泥となり、馬車が通過する際、それを周辺に跳ね飛ばすので沿線の人々から苦情が殺到したという。会社は路上の馬糞を清掃し、それを農家へ肥料として販売するなどの対策を施したが、なかなか解決には至らなかった。また病馬の療養をするための厩舎（いまの仁天堂病院周辺）の周りには、ハエの群れが常にたかっていて、周辺住民の迷惑はひとしおだったという。

また、しばしば脱線したり、馬が人家に駆け込んだりということも悩みの種だった。加えて、営業のため常に馬を九〇頭ほど抱えていなければならず、馬の頭数の確保や飼料高騰などにも苦労していたらしい。

このように小田原馬車鉄道は、多くの問題を抱えながら運行していた。そのため一八九〇年代になり蒸気機関車をしのぐ電車が脚光を浴びるようになると、馬から電気への転換を考えるのは無理からぬことであった。

小田原馬車鉄道は、一八九六（明治二九）年に社名を小田原電気鉄道と改め、一九〇〇（明治三三）年に国府津～湯本間の馬車鉄道を電化した。これは全国で四番目のことだったが、ほかの鉄道はすべて新設だったのに対し、小田原の場合は馬車鉄道からの電化であり、その点では第一号であった。

こうして一三年にわたり小田原を走った馬車鉄道は、姿を消したのである。

明治期の小田原では人も線路を走っていた！

小田原線 OH 47
小田原
Odawara
おだわら

小田原馬車鉄道の開通によって箱根が活況を帯びたことから、隣接する熱海でも小田原～熱海間の鉄道敷設が期待されていた。熱海の旅館業者らの働きかけによりこの鉄道計画が具体化する。

当初は馬車鉄道や軽便鉄道などが検討されたが、カーブや起伏の多いという地形上の問題やふくらむ経費の問題を解消するために、一八八九（明治二二）年に最終的に選ばれたのは馬ではなく、なんと人力であった。つまり人間が線路の上の車両を押して走る〝人車鉄道〟である。

工事の末、一八九五（明治二八）年に開通した小田原～熱海間の豆相人車鉄道《ずそうじんしゃてつどう》は、人車鉄道の第一号にして、全長約二五キロメートルという、人車鉄道のなかではもっとも長い距離を走る鉄道となった。

人車鉄道といっても、人力車のように引っ張る仕組みではない。六人くらいが乗ることができるトロッコのような箱型の車体を、幅六一センチメートルほどのレールに乗せて、二〜三人の車夫が人力で押すというものだった。上り坂は車夫が必死に押し、ときには乗客も降りて手伝ったが、上等客は乗ったままでよかったという。下り坂になると、車夫は踏み台に飛び乗ってブレーキを踏んで、スピードを調節しながら進んだ。

時速は約六キロメートルで、全長約二五キロメートルを約四時間で結んだ。その後三時間五分ほどで走る急行も登場したという。一八九七（明治三〇）年で運賃は、上等一円、中等七五銭、下等五〇銭と、庶民が気軽に乗れるような安いものではなかった。

人車鉄道の問題点

それでも海の見える眺望や、車夫が吹くラッパの音色、運賃一円の人力車より安く速いこともあり、熱海に向かう観光客には人気を博したらしい。当時のようすは国木田独歩《くにきだどっぽ》の小説『湯ヶ原より』や『湯ヶ原ゆき』などに詳しく描写されている。

しかし起伏が激しく、かつ曲がりくねったルートだった人車鉄道は、脱線事故がたびたび起こる危険な乗り物でもあった。さらに開業間もなく人車鉄道の経営上の問題が明らかになる。輸送力が低いにもかかわらず人件費の占める割合が高く、経営が成り立たなかったのである。客が一人か二人しか乗らなくても車夫を使い、時刻表通りに運行しなければない。一日一〇〇円の収入があっても、そのうち八五円ほどは車夫に支払う計算となり、

豆相人車鉄道の運転風景。下り坂では車夫が後ろに乗ってブレーキをかけていた。
(葛飾区郷土と天文の博物館『かつしかブックレット15 帝釈人車鉄道』より)

会社としての収益をあげることができなかった。

そのため経営を続けることが難しくなり、動力化して人件費を削減することが考えられるようになった。そして熱海鉄道という社名になり、人車に代わって、一九〇七(明治四〇)年に蒸気機関車が客車をけん引する軽便鉄道が開通した。所要時間は最速で二時間一五分にまで短縮され、運賃も人車鉄道の半分程度になった。

第一号となった人車鉄道が姿を消し、その後身となった熱海鉄道も、関東大震災で壊滅的な打撃を受けてそのまま廃止となった。

相模川〜相武台前間を結んだナベトロ軌道ってなに？

小田原線 OH 30
相武台前
Sobudai-mae
そうぶだいまえ

昭和の初めに敷設された小田急には廃線が少ない。カーブをショートカットするために廃線化された百合ヶ丘〜新百合ヶ丘間の旧線や、向ヶ丘遊園があった頃、駅から遊園地まで伸びていたモノレールなど、数えるほどしかなく、しかもどれも部分的である。

しかし、ひとつの路線がまるまる廃線となったものが存在する。その線路は、相模川沿岸地域から相武台前駅へ敷かれていた。相武台前駅に別の路線が乗り入れていたとはあまり聞かない話だが、いったいそれは何線だったのか。

相武台前駅へ接続していたのは、小田急砂利軌道の線路である。四六ページで紹介したように、小田急は相模川の砂利を採取して輸送、販売をしていた。従前は輸送のみを行なっていたが、一九三三（昭和八）年に麻溝《あさみぞ》村と新磯《あらいそ》村との間で契約を締結し、相模川沿岸の新田宿《しんでんじゅく》鉱区と新磯鉱区での砂利採取の認可を得ると、採取から販売まで携わるようになった。このとき新磯鉱区から、座間駅（現・相武台前駅、混同を避けるため以下相武台前駅と記載）へ、砂利を運ぶ軌道が敷かれたのである。また新戸鉱区もつくられ、相模鉄道

1979（昭和54）年に相武台前駅で撮影された小田急のトフ100形貨車。ナベトロから積み替えた砂利を都心に運ぶ役目を担った。

（現・JR相模線）の相武台下駅へも軌道が伸びた。

鍋の形をした通称ナベトロ

この小田急砂利軌道は、七五〇ミリメートルの軌間で、単線で敷設された。相模川河川敷では、もとの地盤をならして軌道を敷き、そこから陽原《みなばら》面、中津原《なかつはら》面を越え、座間丘陵、相模原面へと至り、相武台前駅構内へと続く、四・三五四キロメートルの路線だった。細い軌道ながら、線路の両側に砂利がこぼれるため、緩衝地帯として軌道の約三倍の路線幅を設けていた。

相武台前駅では、砂利を貨車ホッパーに積み替えるため、小田原線の架線を高架橋で越え、高い位置から駅構内へと入線していた。その高架橋の上で貨車を横転させ、下にある貨車ホッパーへと砂利を落としていた。

貨車は、加藤製作所製のガソリン機関車で牽引されていた。長さ三・二メートル（推定）の四トン車と長さ四・四メートルの一〇トン車が常備されていた。牽引される一台二メートルほどの貨車は、鍋のような形をしており、通称ナベトロと呼ばれた。一台あたり一・六立方メートルの砂利を運搬することができ、これが何十台も連なって走っていた。『相模原市立博物館研究報告』によれば、ナベトロの速度は意外に速く、大人が駆け足してようやく飛び乗れるほどだったという。

陸軍士官学校移転によって移設

その後、ナベトロ軌道に転機が訪れる。一九三七（昭和一二）年に陸軍士官学校（八六ページ参照）が座間村の大六天原へ移転したことで、陸軍士官学校の敷地がナベトロ軌道に重なってしまった。そこで、ナベトロ軌道は相武台前駅までの運行を止め、別ルートへ付け替えることになった。

従来のルートでは、ナベトロ軌道は中津原面から相武台前駅にかけて、東へ直進していたが、新ルートでは、段丘面上で南へと進路をとり、相模鉄道の相武台下駅で接続した。そ

小田急のナベトロ軌道跡

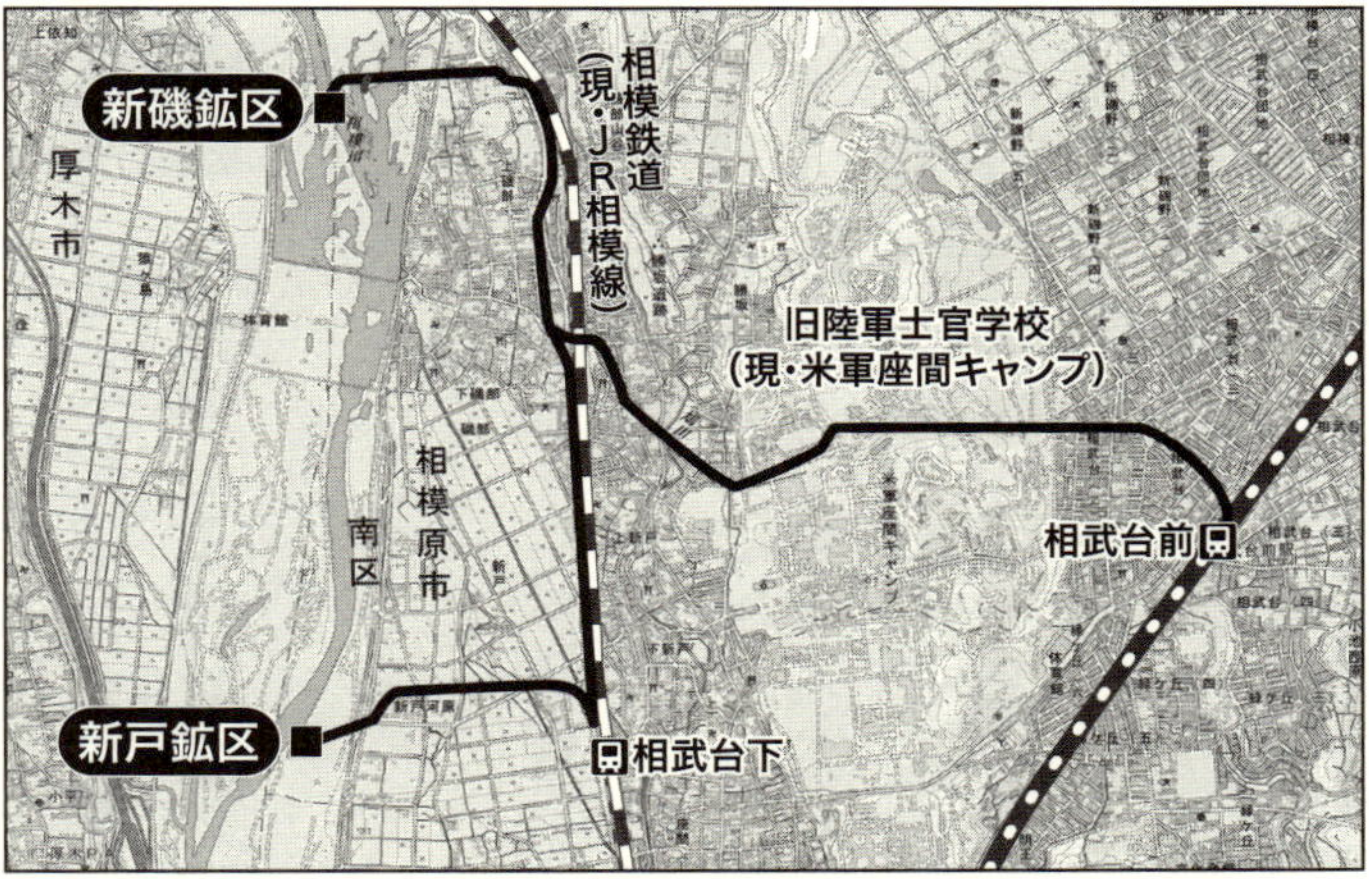

相武台一帯には、相模川から採取した砂利を小田急線まで運搬する小田急のナベトロ軌道が走っていた（国土地理院地形図を加工して作成）。

して相武台下駅の構内で砂利を貨車に積み込み、厚木駅で小田急線へと乗り入れて輸送するようになった。

しかし、この路線も戦争とともに終焉を迎える。太平洋戦争が勃発した一九四一（昭和一六）年以降、戦況の悪化にともなって機関車の動力であるガソリンが入手困難となり、さらに人手不足も加わって、ナベトロ軌道の運行がままならなくなった。そして一九四四（昭和一九）年頃にナベトロ運行は中止された。

こうして小田急のナベトロ軌道は戦時中に姿を消し、軌道跡もほとんどは消えていった。現在は跡地に沿って民家が建ち並び、そのカーブした家並にわずかながら痕跡が残る。

小田原線
OH
38

東海大学前
Tokaidaigaku-mae
とうかいだいがくまえ

東海大湘南キャンパスに都電の名残り発見

小田原線で神奈川県央地域を走り、海老名駅、本厚木駅、伊勢原駅などを通り過ぎると、やがて東海大学前駅へ着く。一九二七（昭和二）年の開設当初の名前は大根《おおね》駅だった。東海大学湘南キャンパス（当時は湘南校舎）が開設されると、最寄り駅として多くの学生が利用するようになり、東海大学が改修費用を捻出する代わりに一九八七（昭和六二）年に東海大学前駅と改称された。

駅名になっている東海大学へは、駅から徒歩二〇分ほどである。住宅地のなかの急坂をひたすら上っていき、丘の上のキャンパスを目指す。そして門から一歩踏み入れれば、緑あふれる空間のなかに現代的なデザインの校舎が立ち並ぶ、自然豊かなキャンパスへとたどり着く。

じつはこの光景のなかに、昭和の東京の面影が色濃く残っている場所があるという。

その場所とは、キャンパス内の歩道に敷き詰められている敷石である。じつはこれらは、東京でかつて走っていた都電で使われていた敷石なのである。神奈川県のキャンパスにな

東海大学湘南キャンパス２号館前の敷石。多くの学生が闊歩する場所だが、都電の敷石の上を歩いているとは、あまり知られていない事実だ。

ぜ都電の敷石があるのか。敷石は、あるひとりの人物によって集められたものだった。

名建築家が譲渡を交渉

現在の都電といえば、早稲田～三ノ輪橋《みのわばし》間を結ぶ都電荒川線を思い浮かべるだろう。だが以前は、銀座線や築地線、新宿線など、ほかにも路線が多数走っており、東京都内の交通網の主役であった。しかし高度経済成長を迎え一九六〇年代になると、東京の道路は自家用車であふれ、都電が渋滞の原因になった。また、そのほかの鉄道網の充実もあり、都電は次々と廃止された。

都電が廃止される話を聞き、ひとりの人物が動いた。当時、学校法人東海大学の理事であり、湘南キャンパスの設計者でもあった山田守《やまだまもる》氏である。

彼は、せっかくの歴史的遺物をそのまま廃棄してしまうのはしのびないと考え、東京都と交渉する。すると、廃止した都電の敷石約三万五〇〇〇枚を、ほぼ無償で譲り受けることができたのである。山田氏が一九六四（昭和三九）年の東京オリンピックに向けて、日本武道館の設計をしていたこともあり、東京都とのつながりがあったことも幸いした。

こうして集められた敷石は、一台のトラックに五～六〇枚ずつ積まれ、約六〇〇〇台分にもなったという。そしてキャンパス内の歩道へ敷きつめられたのである。

このとき持ち込まれた都電の敷石は、キャンパスの中央を南北に貫く中央通りや、北側を東西に走る富士見通りなど、キャンパス内の歩道あちらこちらで見ることができる。一九九九（平成一一）年に、目地を埋めて敷き直しが行なわれたが、ログハウス前の敷石は、現在も敷設当時のままだという。敷き直された歩道に比べ、目地が見えてでこぼこしているため、その違いがわかるだろう。

ただ残念ながら、普段歩いている歩道が都電の敷石と気付いている学生はほとんどいないに違いない。

いまや小田急しか通らない秦野に、かつて走った謎の鉄道

小田原線　OH 39

秦野
Hadano
はだの

秦野駅の北側には、大型スーパー・イオンがでんと構えている。この入り口へ続く道と県道の交差点付近には、「軽便みち」と刻まれた細長い石碑がある。

この石碑があるところは、かつて軽便鉄道が通っていた場所である。軽便鉄道とは、軌間が一〇六七ミリメートル未満で、施設や規格が簡単な地方鉄道のこと。そしてこの石碑がある道は、かつて秦野～二宮間を走っていた湘南軌道の跡地である。この石碑からさらに南へ行くと、住宅街のなかにも同様の石碑があり、二宮までの道に計八基の石碑が立っているのを見ることができる。

この鉄道が開通したのは、一九〇六（明治三九）年のことである。当時の秦野盆地では葉タバコや落花生、ビール麦などの生産が盛んで、ことに葉タバコでは、江戸時代から日本有数の産地として知られ、明治時代にはこの地に専売支局の工場が建設されるほどだった。それが現在のイオンの場所である。こうした産物の集積地であった秦野から、海沿いの東海道線に面した二宮まで鉄道を通し、貨物と旅客を運ぼうという計画が地元の有力者

たちによって持ち上がり、敷設されたのである。

開業時の名称は「湘南馬車鉄道」で、レールの大部分は道路の上に敷設され、そこを馬が引いた客車・貨車が進むというのんびりしたものだった。しかし一九一三（大正二）年に蒸気機関車に変わって「湘南軽便鉄道」となり、一九一八（大正七）年には「湘南軌道」と名前が変わった。

地元密着の物資と人を運ぶ鉄道

秦野〜二宮間約一〇キロメートルを結んだ湘南軌道は、おもに現在の県道七二号に沿って走っていた。蒸気機関になってもスピードは遅く、時速一〇キロメートルほどだったというから、自転車がゆっくり走る程度の速度で走行していたことになる。

それでも一日に一〇往復ほどして、葉タバコをはじめとする物資の輸送に活躍した。また、秦野周辺の人々が東京や小田原に出かける際には、二宮から東海道線に乗って行くというルートをとっていたので、二宮までのアクセスとしても便利に用いられた。

ところが、一九二七（昭和二）年に小田急線が開通して大秦野《おおはたの》駅（現・秦野駅）ができる。湘南軌道はいわば先輩格であったが、より速く、より遠くに行ける小田急線にすっかり客足を奪われてしまった。湘南軌道は自動車部門を設けて、旅客の輸送はバスに切り替

湘南軌道の下井ノ口駅跡。現在は軌道跡を偲ばせる遺構はほとんどないものの、秦野市と二宮町、中井町が建てた石碑がある。

えたものの、これもライバル会社の出現により撤退を余儀なくされた。

一時は小田急と合併の話も出たのだが、それも条件が折り合わず破談し、一九三七（昭和一二）年に営業を終えた。線路のレールなどは、太平洋戦争中に資源として供出されたのか、残念なことに当時のものは残っていない。沿線の住民でも、湘南軌道を知らない人が多くなっている。

石碑が建てられたのは二〇〇五～六（平成一七～八）年のことで、秦野市をはじめとする沿線の一市二町が、かつての駅跡八か所に、解説文のプレートがついたものを建てた。そのうち秦野市内には、秦野駅前にあるイオン前のほか、台町《だいまち》駅跡と大竹《おおだけ》駅跡の三か所がある。

谷峨駅横の廃トンネルは、日本の終戦を世界に知らせた歴史的遺構

JR御殿場線（ふじさん号のみ）

小田急の特急「ふじさん号」は、新松田駅にある渡り線を用いて、ＪＲ御殿場線に乗り入れ、御殿場駅へと通じている。この特急電車に乗って、御殿場線内の区間の車窓を眺めていると、谷峨《やが》駅を通過した直後、トンネルに入ることに気付くだろう。

このトンネルに入る直前、入り口の右側を注視していると、穴の開いた奇妙なコンクリートの壁があることがわかる。この穴から奥を覗くと、壁に隠されるようにして、廃トンネルがぽっかりと開いている。

長さは二七五メートルあり、幅三・四メートル、高さ四・五メートルの細長いトンネルは、かつて御殿場線が複線だった頃に使われていたものである。もともと御殿場線は複線で、東海道本線の一部だった。しかし一九三四（昭和九）年、熱海など海沿いを通るルートが開通すると、従来の路線であった国府津〜御殿場〜沼津間のルートは東海道線から外され、御殿場線というローカル線となった。やがて一九四三（昭和一八）年には、戦時中の金属不足を補うため片方のレールが外されて単線になり、同時に外されたほうのレール

が通っていたトンネルも使われなくなった。

廃線や廃トンネルは全国各地にある。このトンネルもそのひとつであり、それだけなら珍しくはない。しかし、このトンネルは、終戦時、重要な役割を果たしたトンネルなのである。それは、一九四五（昭和二〇）年八月一五日、玉音放送《ぎょくおんほうそう》を流したトンネルだからである。

玉音放送はトンネルの中から放送されていた

このトンネルから玉音放送が流された理由は、トンネルの中に国際電気通信の「足柄送信所」があったためである。

国際電気通信とは、政府や軍が国際通信を行なうための設備建設と保守を行なっていた半官半民の会社である。その送信所がトンネルにつくられたのは、一九四四（昭和一九）年初めのこと。本土空襲の本格化に備え、必要最小限の通信を確保するように軍部から要請を受け、北多摩郡堺村（現・町田市）の山中に隠蔽式送信所「多摩送信所」を、御殿場線の廃トンネル内に対弾式送信所「足柄送信所」を建設した。

山中のトンネルの中の送信所とは、あまり想像できないが、空間が細長く、電話や送信機を入れると、人ひとり通るのがやっとだったという。内部には二〇キロワットの電信送信機が三台と、電話送信機が一台、机と四人分の椅子が置かれ、ここで東京の内幸町《うちさいわいちょう》にあったＮＨＫ放送会館から電話連絡線を通じて送られてきた放送を増幅し、中国の新京や上海をはじめ、ボンベイ（現・ムンバイ）、シンガポールや欧州、南米、北米など、世界の各地に向けて流した。トンネルの出口には、送信機の冷却水を貯蔵するコンクリート製貯水槽や、爆風防止のコンクリート壁がつくられた。車窓から見える壁はこの当時のものである。

そして一九四五年八月一五日、玉音放送が足柄送信所から放送された。当時を知る人によると、当日は朝四時から準備要請を受け、六時には「天皇陛下の放送がある」という情報がここへ入ってきていたという。そして正午、ここから玉音放送を海外へ向けて送信した。その後、各国ではそれぞれの言語に翻訳され、数日間にわたり放送されたという。

足柄送信所では終戦後も国内第二放送を中継していたが、一九四六（昭和二一）年二月二一日に閉鎖され、中にあった放送機材は撤去された。東海道本線のトンネルとして誕生したトンネルは、天皇陛下の玉音放送を流すという歴史的大役を務め、その役割を終えたのである。

第五章

意外！「駅名・地名」誕生の裏側

歌舞伎座がないのに歌舞伎町いったいなぜ？

小田原線 OH 01

新宿

Shinjuku

しんじゅく

小田急のターミナル駅となる新宿の歌舞伎町《かぶきちょう》といえば、昼も夜も人通りが絶えることのない、ネオン輝く不夜城である。

だが、歌舞伎町という名前にもかかわらず、ここに歌舞伎座はない。歌舞伎町に行けば歌舞伎が見られると勘違いしている外国人観光客もいるという。よくよく考えれば、歌舞伎座もない場所が歌舞伎町とは不思議である。

歌舞伎町という町が誕生したのは、意外に新しく、戦後のことである。

もともと一帯は、淀橋《よどばし》台地の下に広がる低湿地だった。昭和になってからも、木造の小さな家と商店が混在する裏町で、角筈《つのはず》一丁目と呼ばれていた。

一九四五（昭和二〇）年五月二五日の大空襲でここ一帯は焼け野原となる。それを復興させようと尽力したのが、ここで従業員三五名ほどの食品製造販売会社を経営していた鈴《すず》木《き》喜兵衛《きへえ》という人物である。商売を手堅く営み、町会長をも務める地元の名士だった。

終戦直後、鈴木氏は人々に働きかけて復興協力会を設立すると、自らその会長に就任し、この角筈一丁目を大繁華街にする計画を立てたのである。それは山手線を背に、東向きのワの字形に劇場、映画館、子供劇場、演芸場などの芸能施設をつくり、その周辺に店舗や住宅を配置するというものだった。当時の人々にとっては、雲をつかむような話だったにちがいないが、じつは綿密な調査の上に進められていた。一九四五年とその二年前の東京都の人口と芸能施設観客収容人員を比較してみると、かつてあった芸能施設は七割程度減っていた。そのため、戦時中に楽しみに飢えていた人々が、娯楽施設に集まってくるだろうと考えたのである。

歌舞伎座を中心とした町になるはずが

鈴木氏は、新しくつくる町を健康的で文化的な娯楽街にしたいと考えた。さらには、戦勝国のアメリカが日本を見たとき、日本にも整然とした町があることを示したいという気概もあった。

鈴木氏は東京都に働きかけ、企業を誘致してスポンサーを募った。地権者や地元民とねばり強く交渉を重ね、繁華街建設への賛同を得ていった。

やがて歌舞伎役者・中村吉右衛門《なかむらきちえもん》の後援会が、歌舞伎劇場の建設を申し出てきた。劇場建設は決まり、鉄筋コンクリート造の地上四階、地下二階建ての大劇場「菊座《きくざ》」が計画された。ほかにも劇場や映画館、演芸場、ダンスホールの建築も決まり、町中で建設工事が始まった。

精力的に動き回っていた鈴木氏が悩んだのは、町名であった。角筈一丁目よりも、粋でモダンな町名はないものかと資料をあさると同時に、多くの人にアイデアを求めたが、誰もが首をかしげるばかりだった。町の中心になるのは歌舞伎座だが、劇場名の「菊座」からとった「菊町」ではどうにもおさまりが悪い。そこで東京都建設局の石川栄耀《いしかわえいよう》が、悩み続ける鈴木氏に対し、「ずばり歌舞伎町にしてみては」とアイデアを出した。華やかで音の響きもいいし、新しい町にぴったりである。

鈴木氏は、同じ名前の町が全国のどこにも存在しないことを確かめると、一九四七（昭和二二）年に町名変更の届けを出した。こうして、歌舞伎町が正式に誕生したのである。

ところが工事要員の確保がままならず、建設工事の進捗が遅れはじめた。町名の由来である歌舞伎座・菊座も、先行きを心配した後援会が手を引き、建設計画は頓挫した。歌舞伎町のシンボルになるはずだった歌舞伎座が、新宿に来ないことになったのである。それでも歌舞伎町という町名が取り残されたまま町づくりは続いた。歌舞伎座に代わる町の中心として一九五六（昭和三一）年に新宿コマ劇場（現・新宿東宝ビル）が建てられ、歌舞伎町の建設は一応の完成を見たのだった。

町田駅のある場所は本当の町田じゃないってホント？

小田原線 OH 27

町田
Machida
まちだ

厚木に行こうと、「厚木駅」で降りると、そこは厚木市ではないことに気付くだろう。なぜなら、小田急線とＪＲ相模線が交差する厚木駅は海老名市にあるからである。厚木市に行きたければ、相模川を渡った先にある「本厚木駅」まで行かなければならない。

こうした奇妙な状態になっているのは、一九二六（大正一五）年に開業した相模鉄道（現・ＪＲ相模線）と神中鉄道《じんちゅうてつどう》（現・相模鉄道）が、ここを厚木駅と命名したためである。神中鉄道は相模川に橋を架けて、対岸の厚木まで線路を伸ばす計画で、ひとまず、その玄関口として厚木駅と名付けたのだが、資金不足などで厚木までの延伸を断念したため、海老名市に厚木という名前の駅だけが残った。そのおかげで、その後に誕生した厚木市にある本物（?）の駅が「本来の厚木駅です」という意味を込めて「本厚木駅」と名乗らなければならなくなったのである。

この厚木と本厚木駅と同じような関係の地名が、町田市にも存在する。町田駅と本町田《ほんまちだ》の関係である。町田駅は町田市街の中心地にあり、市域のなかでもっとも繁栄している場所である。一方、本町田は町田駅から一・五キロメートルほど北側にある丘陵地の住宅街である。本厚木駅と同じように、この本町田も「本来の町田です」という意味がある。

分村した原町田村が本来の村より発展して大商業地へ

町田市には、かつて原町田《はらまちだ》村と本町田村があった。もともとは現在の本町田を中心とした町田村というひとつの村だったが、戦国時代の一五八二（天正一〇）年に、村の南方にある相之原《あいのはら》という秣場《まぐさば》（田畑の肥料や牛馬の飼料の草刈り場）が開拓された。ここを新たに原町田村として分村したことにより、町田村の中心だった地域は、「本」を冠して本町田村と称するようになった。

原町田村は土地が痩せており、農作物も思うように育たなかった。そのため副業として、当時本町田村で開かれていた「二・七の市」を分け、一五八六（天正一四）年から原町田で「二の市（二のつく日に立つ市）」が開催されることになった（分けたため本町田では七の市）。市を開いたことで原町田村は発展し、やがて「六の市」が加わって「二・六の市（二と六のつく日に立つ市）」となった。やがてだんだんと人口も増えていき、さらに絹製品の流通路の拠点となったことで、原町田村はさらに賑わうようになった。これに対し、本町田村は交通路から外れていたために、市が年に二回しか開かれなくなった。

本町田と原町田

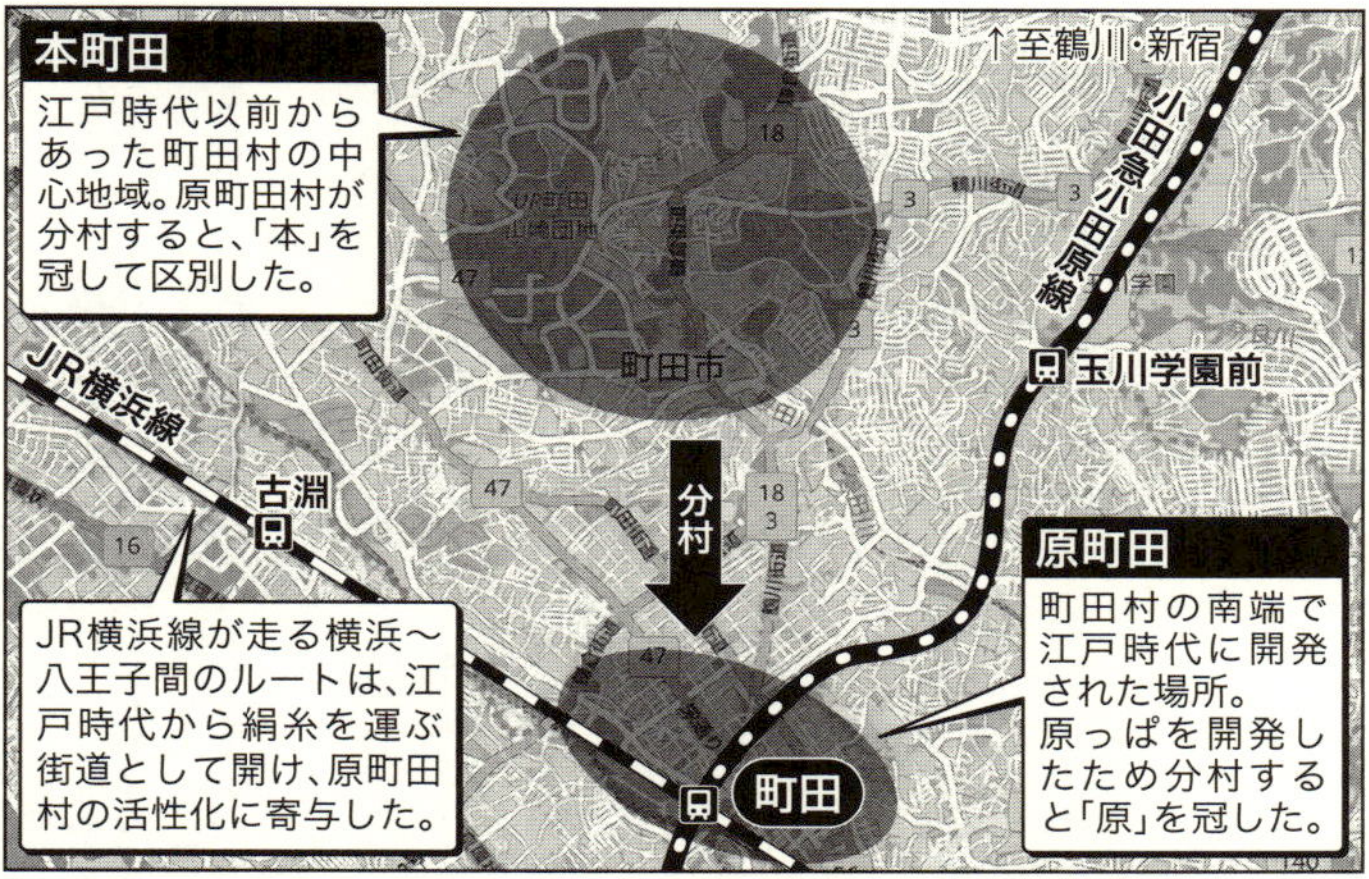

かつて一帯の中心地は本町田だったが、分村した原町田が賑わうようになり、ついには駅名に「町田」を奪われた（©OpenStreetMap）。

商業地として、かつての中心地だった本町田を凌ぐ発展を遂げた原町田は、近代になるとさらに繁栄する。一九〇八（明治四一）年に、横浜鉄道（現・ＪＲ横浜線）が通り、「原町田」駅が設置されたのである。さらに一九二七（昭和二）年には、小田急電鉄の「新原町田《しんはらまちだ》」駅が誕生した。

その後、両駅を中心に原町田地域は発展していき、一九七六（昭和五一）年には小田急が駅ビルを完成させて、「町田」駅と改称。そして一九八〇（昭和五五）年には、国鉄（現・ＪＲ）の原町田駅が、小田急側へ四〇〇メートルほど移動し、小田急と同じ「町田」駅へと改称した。原町田にありながら、本家の本町田を差し置いて、「町田」駅を名乗るようになったのである。

小田原線 OH 32

海老名
Ebina
えびな

海老名駅前になぜ「めぐみ町」が新しく生まれたのか？

小田急と相鉄が乗り入れる海老名駅南口と、JR相模線が乗り入れる海老名駅北口のあいだは「駅間地区」と呼ばれ、二〇一五（平成二七）年より再開発が行なわれている。二〇一七（平成二九）年二月、この約一九ヘクタールの面積をもつ駅間地区に「めぐみ町」という新しい名前がつけられた。以前の住所は、上郷《かみごう》字の牛ケ淵《うしがぶち》、鎌倉町《かまくらちょう》、大田切《おおたぎり》だった。

旧地名とはまったく関係のない新町名だが、海老名市立中央図書館や海老名市文化会館などがあることから、新しい中心市街地になるとの思いを込め、「この地やここに集う人々を恵み育む」といった意味が込められている。

そう聞くと、なかなか良い名と思えるが、誕生のいきさつには〝疑惑〟が浮上して物議をかもしたことがある。

新町名は〝めぐみさん〟が由来!?

新町名を決定する際、一般的には住民からの公募や住民の意見を参考にすることが多いが、めぐみ町の場合、再開発前は居住者がいなかったため、新町名をつけるにあたる意見交換ができなかった。そのため海老名市と再開発を進めている小田急電鉄やその他の地権者との話し合いということになった。

こうした経緯から、まことしやかに囁かれたのが、「めぐみというのは、開発を手掛けるある人物の名にちなんだのではないか」「めぐみに似た社名をもつ企業があるが、その企業を連想させるためではないか」という噂。公募や命名決定などのプロセスが不透明だったため、変な憶測を呼んでしまったようである。この噂は、海老名市議会でも取り上げられたが、もちろん事実ではないことが確認された。議事録によると、牛ヶ淵など、もとからの地名は新しい中心市街地にはふさわしくなく、また海老名駅前にある「海老名市中央」に組み入れることも検討されたが、すでに一～三丁目まであり、新しい中心市街地を「海老名市中央四丁目」にするのも難しいという議論があったという。

とはいえ、各方面から駅間地区の開発が注目されているのは事実で、小田急肝いりの事業として、ライバルである各私鉄もその動向を見守っている。小田急電鉄は、二〇二五年を完成目標に、駅間地区のランドマークとして商業施設複合型高層分譲マンション「ビナガーデンズ」の整備を進めている。再開発が進めば、東急の武蔵小杉や二子玉川のような、沿線を代表する注目スポットになるであろう。

相武台前駅が座間駅だった！駅名があべこべになった経緯とは？

OH31 OH30

小田急線

座間
Zama
ざま

相武台前
Sobudai-mae
そうぶだいまえ

小田原線下り電車に乗っていると、座間駅の手前で少し不思議な区間があることに気付く。座間市内に入るとほぼ直線のルートだったはずが、米軍キャンプ座間を右に見るあたりから、座間谷戸山《やとやま》公園に沿う形で、不自然なカーブを描きながら南下するルートに変わるのである。相武台前駅より西側に、敷設を妨げる地形的難所があったとも思えないのに、わざわざ公園沿いをカーブする形になっている。

この背景には、小田急線開通にあたっての村民の反対運動があった。

小田急小田原線は、同社の前身である東京高速鉄道時代の一九二二（大正一一）年頃から計画されていた。開通の話が座間村に持ち込まれると、村民のなかから「若い者が町に出て行って金を使い、身上を潰す」「線路で道路が切断される」「踏切で遠回りになる」などの反対意見が続出した。困った小田急が交渉を重ねた結果、集落のはずれの不便な場所であれば駅をつくっても良い、ということで話し合いがついた。こうして選ばれたのが、現在の相武台前駅のある場所である。そして本来なら直線で座間村の中心地（現在の座間市座間一帯）を通す形で敷設するつもりが、線路が谷戸山に沿ってカーブする線形を余儀なくされたのである。

現在の座間駅が誕生したのは、開通から四か月後のことで、当時の駅名は「新座間」駅だった。「新」が付けられた理由は、最初の駅（現・相武台前）が座間駅と命名されていたからである。

座間駅として開業した初代座間駅は、一九三七（昭和一二）年に陸軍士官学校が移転してきたことで「士官学校前」駅に改称された。だが一九四一（昭和一六）年になると、防諜上の理由により軍関連の駅名が全国的に消されることになり、改称の必要に迫られた。そこで一帯の地名として天皇から賜った「相武台」に因み、現駅名の「相武台前」駅へ改称した。

隣駅が座間駅でなくなった一方で、新座間駅（現・座間駅）にも紆余曲折があった。小田急が地域開発の一環として、新座間駅前に遊園地を開業する予定があったことから、一九三七（昭和一二）年七月に「座間遊園駅」と改称されたのである。ところが、昭和の大恐慌で工事が頓挫してしまい、二年後には計画を断念することとなった。すると、遊園の名がついた駅名も変えざるをえず、結局、隣駅のもとの座間駅が相武台前駅と改称したのを機に「座間」駅と改称し、隣駅の駅名を襲名する形となった。

世田谷にある代田は、あの有名妖怪が由来!?

小田原線 OH 08

世田谷代田
Setagaya-Daita
せたがやだいた

小田原線で新宿駅を出て、渋谷区の代々木一帯を通り抜けると世田谷区に入る。地下駅となった区間で下北沢駅を過ぎると、世田谷代田駅となる。複々線化工事に合わせ、二〇一七（平成二九）年に新駅舎が完成した。地下三階のホームまで日光を通す「光ダクト」や「回生電力エレベーター」など最新の省エネ技術が使われており、駅構内には技術を説明するための小田急環境ルームが開設されている。

この最新の技術が詰め込まれた世田谷代田駅を出て、環七通りを北側へ進むと、京王井の頭線の新代田駅がある。さらに北には京王本線の代田橋駅もあり、一帯に代田という地名が広がっている。じつはこの代田、ある妖怪の名前が由来だった。

それは、妖怪ウォッチシリーズなどにも登場する巨人・ダイダラボッチである。かつてこの一帯には窪地があり、それがまるでダイダラボッチの大きな足跡のようであったため、この巨人の呼び名がつき、代田と縮んで呼ばれるようになったという。

一九五一（昭和二六）年刊行の『世田谷区史』によると、ダイダラボッチという言葉は、

ダイダラボッチの足跡と呼ばれた窪地。下北沢小学校横に谷が伸びていることがわかる。

1909（明治42）年に発行された世田谷一帯の地形図。小学校の横に伸びている窪地（図上部の「大原」記載部）が明瞭にわかる（国土地理院蔵）。

有史以前から日本に伝わっていたツングース系のオロッコ語の可能性があるという。オロッコ語でダイダラは巨人を意味し、ボッチは穴小屋を意味するという。同『世田谷区史』では、有史以前の縄文時代、代田に大陸から渡ってきた人を祖先にもつ集団が住み、この巨人伝説が生まれた可能性を指摘している。

じつはこの巨人の足跡を現在も見ることができる。京王井の頭線の新代田駅の北側、代田六丁目にある下北沢小学校（旧守山小学校）付近の地形を観察すると、この一帯が窪地になっていることがわかる。この地形こそ、地名の由来となったダイダラボッチの足跡なのである。

向ケ丘遊園の「遊園」っていったいどこにあるの？

小田原線 OH 19

向ヶ丘遊園
Mukogaoka-yuen
むこうがおかゆうえん

小田原線に乗り、多摩川を越えて登戸駅を過ぎると、その次に停車する駅が向ヶ丘遊園駅である。遊園という駅名であるため、近くに遊園地があるのかと思いきや、付近を見渡しても遊園地は存在していない。遊園地がないのに遊園……。一体なぜこのような駅名がついたのだろうか。

じつはここにはかつて、向ヶ丘遊園という遊園地が確かに存在していた。一九二七（昭和二）年に小田急線が開業すると、それに合わせて稲田登戸《いなだのぼりと》（現・向ヶ丘遊園）駅を設けた。一九五〇年代より観覧車などの遊戯設備が導入されて本格的な遊園地になると、これに合わせて遊園地の玄関口の駅として、一九五五（昭和三〇）年に向ヶ丘遊園駅へと改名した。

一時期、向ヶ丘遊園は年間入園者が百万人を超える年もあるなど大人気であったが、レジャーの多様化や東京ディズニーランドの開園などにより次第に客足が減少し、赤字続きとなって二〇〇二（平成一四）年に閉園した。

閉園からすでに一五年以上経った今、跡地には遊園地時代から存在する「生田緑地ばら苑」が残り、新しく川崎市　藤子・F・不二雄ミュージアムが建っている。しかし、それ以外の広大な用地はいまだ用途が定まらず、草木に覆われた状態で放置されている。

地元に根付いた「ユーエン」

遊園地がなくなったのなら、駅名を「向ヶ丘」駅などに変えた方がわかりやすいはずである。なぜ駅名だけそのまま使い続けられているのだろうか。

それは五〇年以上も使われた駅名であるため、地元ではすでに付近の呼び名として定着し、親しまれているからである。実際、付近に住んでいる二〇代の層も「向ヶ丘」ではなく、「ユーエン（遊園）」という呼称を多用している。またマンションやビルの名前の多くに「向ヶ丘遊園」が使われており、市民の中には名前を変えてほしくないという声も多い。

また小田急側にも理由がある。駅名の改称をするには、システムや掲示物などを改修する必要が生じる。その費用は膨大になるため、できれば変えたくないというのが本音である。

結果的に駅名が残されたわけだが、こうした地元と鉄道会社の事情から、遊園地がないのに向ヶ丘遊園という、奇妙な駅名になっているのである。

おしゃれタウンの代名詞「成城」は古代中国古典の一節から

OH14　OH42

小田原線

成城学園前
Seijogakuen-mae
せいじょうがくえんまえ

開成
Kaisei
かいせい

都内屈指の高級住宅地として知られる成城学園前駅周辺は、街路樹が整然と立ち並ぶ、美しい景観の落ち着いた街並みが特徴である。民俗学者の柳田國男《やなぎたくにお》や詩人の北原白秋《きたはらはくしゅう》、作家の横溝正史《よこみぞせいし》など、文化人が多く居住したことでも知られる。

駅名は、もちろんここに成城学園があることによる。成城学園は、もともと日本の教育改革を目指した澤柳政太郎《さわやなぎまさたろう》が、一九一七（大正六）年に成城小学校を、一九二二（大正一一）年に小原國芳《おばらくによし》が成城第二中学校を開設したのが始まりである。もっとも当時、学校が建設されたのは東京の牛込区（現・新宿区）であった。ところが、一九二三（大正一二）年に起きた関東大震災で被災し、これを契機に東京郊外の武蔵野の豊かな自然が広がる同所に、理想的な総合学園をつくろうということになった。

理想の学園都市を目指したというだけあって、成城学園の名前には大志が込められている。「成城」とは、「国（城）を成す」という意味で、そこから国を背負う素晴らしい人材を育てるという思いが込められている。

出典は儒教の教典とされる五経のうちのひとつ『詩経《しきょう》』の「大雅」のなかにある「哲夫成城」から取られている。哲夫とは、見識が優れており道理をわきまえた人のことで、そうした人物が国（城）を形づくるという意味である。

この格調高い学園の名前が、小田急の駅にも冠されたのである。

開成の由来は「開物成務」

さらに小田急線の駅には、成城と同じく中国の言葉にちなんだ駅名がある。神奈川県足柄上郡開成町にある小田原線の「開成」駅である。町名でもある開成は、もともとこの地の小学校の校名である。

一八八二（明治一五）年に、当時の延沢村に開成学校が開設され、一九〇一（明治三四）年に酒田村、吉田島村両組合立の開成小学校となった。この開成という言葉は、中国古典の『易経《えききょう》』にある「開物成務《かいぶつせいむ》」に由来する。書き下せば「物《もの》を開《ひら》き務《つと》めを成《な》す」となり、「人々の知識を開き、世のためとなる務めを成す」という意味で使われる言葉である。まさに学校にふさわしい名だが、それが町名として採用され、やがては小田急線の駅名となった。

どちらの名にも、これから未来を担う子どもたちに対する大きな期待が込められている。

梅ヶ丘という駅名に羽根木公園の梅は無関係!?

小田原線 OH 09

梅ヶ丘
Umegaoka
うめがおか

梅ヶ丘駅のすぐ北側には、野球場やテニスコート、世田谷区立図書館が入った羽根木《はねぎ》公園がある。早春には六五〇本もの梅の木が咲き誇り、開花に合わせて「せたがや梅まつり」が開かれ、多くの人で賑わう、都内屈指の梅の名所となっている。

一九三四（昭和九）年に開業した梅ヶ丘駅という名前も、古くから梅の名所だったことにちなんでいると思うかもしれない。実際、羽根木公園のある場所の地名こそ代田だが、駅の南側には梅丘《うめがおか》一丁目から三丁目と、梅にちなんだ地名もある。

ところが、梅の名所になったのは一九六〇年代後半からと比較的新しく、それまでこの地は北沢窪という地名であり、どこにも梅のつく地名は存在していなかった。今日のように梅の名所になったのも、梅丘という地名も、そのきっかけはなんと小田急線の駅名「梅ヶ丘」であった。

つまり梅ヶ丘はこの地に昔からあった地名ではなく、ルーツは小田急線の駅名だった。それが一九六六（昭和四一）年の町名変更の際、地名にも取り入れられ、今に至っている。

ではなぜ梅の名所でもなく、地名にも存在しない場所に梅ヶ丘駅と命名したのだろうか。この駅名の由来については諸説ある。『小田急電鉄五十年史』によると、麦畑の中に古墳があったため埋ヶ丘と呼ばれており、ここから「埋」の字を「梅」に変えたとの記載がある。

しかし同社史には、前述の「埋ヶ丘」説の一方で、個人にちなんだ別の説も取り上げている。梅ヶ丘駅の駅名を名づける際、北沢窪という地名が駅名には好ましくないとして、小田急側が新駅の誘致に尽力した地元の名士・相原永吉氏に相談した。相原氏をはじめ村の人々は、相原家に梅の古木があり、同家の家紋が梅鉢だったことにちなんで梅ヶ丘を提案したのが由来とされている。ほかにも、駅設置の寄合が相原邸で行なわれた際、たまたま庭を見ると立派な梅の木が満開に咲いており、これが由来となったという説もある。

いずれにせよ駅名に梅の字が初めて使われ、それが地名として定着したのである。そして、この地名にふさわしい梅の町にしようと、地元の人々が羽根木公園に一九六七（昭和四二）年から梅の植樹を重ねてきた結果、今日に至り東京屈指の梅の名所になったのである。

通常は、地名に由来した駅名というパターンが多いなか、駅名から地名が誕生し、梅の植樹によって駅名にふさわしい観光名所になった稀有な例である。

えっ⁉ 厚木基地って厚木市にあるわけではない⁉

江ノ島線
OE 06
桜ヶ丘
Sakuragaoka
さくらがおか

江ノ島線の大和〜桜ヶ丘間の西側には、米軍の厚木海軍飛行場（通称・厚木基地）が広がっている。厚木というぐらいだから当然、厚木市にあるのだろうと誰もが思うが、じつは、厚木駅が厚木市にないように、厚木基地も厚木市にはない。

厚木市は相模川を挟んだ西側にあり、一方厚木基地は相模川の東側にあって、所在地は大和市、海老名市、綾瀬市の三市にまたがっている。約五〇七万平方メートルにも及ぶ広大な敷地をもっているが、その一部たりとも厚木市にはかかっていない。

厚木市にないのに、なぜ「厚木海軍飛行場」という名称なのだろうか。基地の成り立ちを紐解けば、その謎が解ける。

そもそも厚木基地は、一九四〇（昭和一五）年度に未就役艦の艦上機訓練場として計画されたのが始まりとなる。一帯の農村の土地を買収して、一九四二（昭和一七）年一一月一日には、相模野航空隊の「相模野海軍飛行場」となった。

厚木という名前が登場するのは、本土防衛の新鋭部隊「第三〇二空」が、一九四四（昭

空から見た厚木基地。厚木という名前でありながら、その広大な敷地は綾瀬市や大和市域であり、厚木市には一片もかからない。

和一九）年四月一日に「厚木海軍航空隊」という名前で開隊式を行なったのが最初となる。このとき、「厚木基地」と墨で書かれた大きな木の看板が正面に下げられ、これによって近隣の人々は、新しく誕生した基地が「厚木」という名前だと知ったのである。

基地の所在地である綾瀬、大和、渋谷各村の人々は、この名前を知ると驚き、「厚木は異郡、異郷の地なり。単に土、日曜に隊員の散歩の地に過ぎず」（一九四三年『航空隊名称変更に付陳情書』）として、厚木基地の名称変更を軍に陳情している。三つの村にしてみれば、自分たちの土地や家、収穫物などを軍部の要求に従って提供したのに、何の関係もない隣の厚木の名前を冠されたのではやりきれないと思ったのだろう。

しかし、当然ながら軍部は近隣住民の陳情など受け付けず、そのまま厚木基地と呼び続けられた。そして終戦後、米軍に接収されても「厚木飛行場」と厚木を冠したまま現在に至っている。では「厚木海軍航空隊」と最初に命名した海軍は、なぜその名前をつけたのだろうか。

知名度がもっとも高い名前を選んだ

航空隊の名称は、一九一六（大正五）年に制定された海軍航空隊令に「海軍航空隊ハ其ノ所在地ノ地名ヲ冠ス」と規定されている。しかし実際は、所在地の地名が冠されない例のほうが多い。たとえば、同時期に計画された高知基地も、香味《かみ》郡三島《みしま》村にあり、高知からはかなり離れていた。こうした事例を踏まえると、全国的に誰もが連想しやすい付近の地名が選ばれたというのが妥当かもしれない。

しかし一帯には厚木のほかにも、高座や相模原、大和、渋谷、綾瀬などの地名がある。そうしたなかで厚木が選ばれたのは、いったいなぜだろうか。

その最大の理由は、当時陸軍が所管し作成していた地形図に関係があるといえる。厚木基地がある場所は、「厚木」という図幅名の地形図中にあり、当時は大和も綾瀬も渋谷もほぼ無名の地であった。そのため、地形図名の「厚木」の名が取られたと考えるのが、もっとも自然である。同様に、相模原も戦前は無名の地であったことから、相模原の軍事施設名も当初は、地形図の図幅名である「町田」とされるものが多かった。

さらに、ほかの候補が別の地名と混同する恐れがあったことも理由に挙げられる。たとえば大和基地と命名した場合、戦艦大和や奈良の大和と混同しやすい。渋谷にいたっては、誰もが東京の渋谷を連想してしまう。

では、綾瀬ならどうかというと、旧南足立郡綾瀬村（現・東京都足立区綾瀬）と混同する恐れがあった。ほかにも、「高座」は高知と似ているということで却下され、「相模」も、陸軍が海軍よりも先に「相模陸軍飛行場」（陸軍中津飛行場）を計画していたことから、候補から外されたとされる。

結局、候補のなかでは「厚木」のみが残り、厚木基地という名前になった。ただし、終戦後に米軍が厚木飛行場と呼んだのは、もとの名を踏襲したわけでなく、戦時中から付近の大きな町を目印にして「Atsugi Field（厚木飛行場）」と名付けていたことが理由にある。ここで高座や相模原、大和、綾瀬など、厚木と違う名前にしていたら、現在は厚木基地ではなかったのかもしれない。

神奈川県の伊勢原はやっぱり三重県の伊勢とのつながりが……

小田原線 OH36
伊勢原
Isehara
いせはら

新宿から小田原線の急行に一時間ほど乗ると、車窓からの風景が田園地帯に変わってくる。この広い平野に位置するのが、伊勢原駅である。南側は平塚まで田園が続き、北側には大山を始めとする丹沢の山々がそびえている。

この伊勢原という地名に疑問を持っている人はいないだろうか。伊勢といえば、伊勢神宮を中心とした現在の三重県の一部の旧国名である。しかし伊勢原駅は、相模国のほぼ中心に位置している。いったいなぜ、この地が伊勢と冠されているのか。

答えは、現地の伊勢原大神宮が教えてくれる。伊勢原大神宮は、伊勢原駅北口から中央通り沿いに徒歩一〇分ほどの場所にある。この神社が地名と深くかかわっている。

かつて千手ヶ原《せんじゅがはら》と呼ばれていたこの地に、神社ができたのは江戸時代にさかのぼる。一六二〇（元和六）年、伊勢国出身の山田曾右衛門《やまだそうえもん》と、案内役だった鎌倉の湯浅清左衛門《ゆあさせいざえもん》という二人の男が、大山詣での途中、この地で行き暮れてしまう。二人は野宿をしていると、偶然にも水音を聞いて、湧き水を発見する。水が湧いているこの地が開墾可能な場所だと知った二人は、中原代官の成瀬五左衛門の許可を得て開墾を始めた。

やがて開墾が進むと周辺の土地から人が寄り集まってきた。そこで曾右衛門は、自分の故郷・伊勢の神宮の神様を、この開拓地の鎮守として勧請することとし、これに由来して開拓地も伊勢原と呼ばれるようになったのである。

つまり伊勢神宮の分社にあたるこの神社が、伊勢原という名前の由来となったのである。

秦野には出雲大社分祀がある

日本の神社の二大古社として、伊勢神宮と唯一肩を並べる存在が、島根県にある出雲大社である。じつは小田急沿線には、伊勢神宮の分社だけでなく、この出雲大社の分社も存在する。

それが秦野〜渋沢間の線路脇にある「出雲大社相模分祠」である。一八八八（明治二一）年に、大国主大神の神徳を関東地方に広めるため、分霊を勧請してきたのが始まりである。当初は渋沢峠に鎮座していたが、一九七五（昭和五〇）年に現在地に遷座した。

小田原線に乗れば、伊勢神宮と出雲大社の両方を参拝することができるというわけである。出雲大社相模分祠は、秦野駅が最寄りで、伊勢原駅から乗車時間わずか一〇分の距離にある。一時間弱で二社を回ることができるとは贅沢な路線である。

小田原線 OH 39

秦野
Hadano
はだの

スポーツマンで賑わうヤビツ峠に隠された〝血塗られた由来〟

小田原線の秦野駅から神奈川中央交通のバスに乗り、北側にそびえる丹沢連峰方面へ行くと、終点のヤビツ峠に到着する。このヤビツ峠は、丹沢全体の南東部にあり、大山や三ノ塔など、丹沢表尾根方面への登山拠点となっている。

登山客だけでなく近年では、サイクリストの聖地としても人気が高まっている。秦野〜ヤビツ峠間には長い坂が連続しており、自転車で上り坂を走るヒルクライマーたちの登坂トレーニングに最適なのである。休日ともなると、傾斜のある直線的な山道は自転車であふれ、ヤビツ峠バス停付近の駐車場はサイクリストでいっぱいになる。

北条軍と武田軍の合戦地

登山客やサイクリストらスポーツマンたちが集う楽しいイメージが強いヤビツ峠だが、その地名には、血塗られた歴史があった。変わった名であるこの「ヤビツ」とは、道路の改修工事をしていたときに、弓矢を入れる武具である〝矢櫃《やびつ》〟が見つかったことから付けられた地名という。この峠は戦国時代、戦場になった場所という言い伝えがあり、そのときの合戦で使われた矢櫃だといわれている。

峠が戦場となったのは、一五六九（永禄一二）年である。甲斐国の武田信玄《たけだしんげん》と相模国の北条氏康《ほうじょううじやす》による大激戦「三増合戦《みませ》」のときである。信玄が氏康の本拠地である小田原城を攻めたことがきっかけとなった。小田原城は、難攻不落の城といわれたほど守りが堅く、さすがの信玄も攻城戦を諦めて撤退を余儀なくされた。すると、撤退する武田軍を北条軍が追撃し、現在の本厚木駅の北方、相模原市と愛川町の境付近にある三増峠において両者は相対した。このとき、秦野の北方、現在のヤビツ峠の場所でも両軍は刀を交え、多くの血が流されたのである。

ヤビツ峠で合戦があったことを物語る言い伝えも残っている。あるとき、旅人が峠にさしかかると、突然、歩けなくなった。どうもここに悲惨な最期を遂げた兵士の魂がさまよっていて、旅人をここに引き留めようとするらしい。旅人は持っているおにぎりを後ろに投げると、不思議と歩けるようになったという。

ヤビツという名前以外にも、殺生ヶ原、地獄沢など、ここが合戦地であったことを想起させる地名が残っている。

小田原線 OH 41

新松田
Shin-Matsuda
しんまつだ

謎の地名「ユーシン」の由来は漢字表記の「湧津」

西丹沢は、表丹沢に比べて入山者が少ないが、近年は訪れる人が増えており、新松田駅にも多くの山歩き姿の人が降り立つ光景が見られる。

このように人気になったのは、インスタグラムの影響でユーシン渓谷が注目されたからである。二〇一六年に、ユーシン渓谷の玄倉《くろくら》第二発電所周辺の写真が「ユーシンブルー」と名づけられて投稿されたことを皮切りに、その魅力が一気に拡散された。

このユーシン渓谷は、丹沢湖の源流、玄倉川の上流にあり、手軽に自然を楽しめる秘境でもある。林道を二時間ほど歩いてトンネルをくぐると、水をせき止める水門が現れ、その先にはユーシンブルーと呼ばれる、エメラルドグリーンに輝く神秘的な沢の水が広がっている。とくに紅葉の時期には、山肌の紅葉と沢の水の色のコントラストが美しいと評判となっている。

このユーシン渓谷は、その美しさもさることながら、「ユーシン」というカタカナの名前に興味を持つ人も少なくないのではなかろうか。

昔は川の名前をそのまま使った玄倉渓谷と呼ばれていたが、いつしかユーシン渓谷の名が広まった。カタカナで書いた「ユーシン」とは、まるで外国語のようにも思えるが、いったい何語で、どういった意味なのか。

ユーシンの由来には、幕末期にこの地域に入植した小田原藩士の寄り合いが「有信」と名乗ったという説、あるいは「友信」「幽神」などの字があてられる説もあり、判然としない。だが大正期の登山記録を見ると、少なくとも当時からすでに「湧津沢」と書かれている沢があったことが判明している。しかし当時の読み方が、ユウシンなのかワキツなのかは不明である。

この湧津沢をもとに、一帯をユーシンと命名したのは、昭和初期にこの場所の管理人を勤めていた小宮兵太郎《こみやへいたろう》という人物である。小宮氏は一九一一（明治四四）年から終戦直後まで約三五年間もの長い間、御料林の管理人としてここに住んでおり、ユーシンの主と呼ばれた人でもある。当初は、ユーシンのすぐ下にある諸士平と呼ばれる場所に常駐していたが、一九二八（昭和三）年の大水害でその地が壊滅したため、この場所に移った。

このとき、小宮氏が沢の名前からユーシンと名付けたようだが、漢字の湧津ではなく、カタカナのユーシンのみが広まっていったため、今ではその意味が不明となり、まるで外国の地名かのように響くのである。

小田原線 OH 46

足柄
Ashigara
あしがら

三〇キロも離れた場所にふたつの足柄駅が存在する怪

小田急相模原駅とJR横浜線の相模原駅が、五キロメートル以上も離れているというのは有名な話である。一九三八（昭和一三）年に小田急電鉄が相模原駅（現・小田急相模原駅）を開業したが、その後、国鉄横浜線に設置された新駅が相模原駅を名乗ったため、小田急が譲歩して、もとの駅を小田急相模原とした。

しかし、この小田急相模原駅のように小田急側が譲歩しなかったケースもある。それは小田原線の足柄駅である。JR御殿場線にも足柄駅があり、両者は駅名の漢字も読み方もまったく一緒だが、位置するのはまったく別の場所である。直線距離だと約九キロメートル、線路沿いだと約三〇キロメートルも離れており、行き来するには山を越えなければならない。

そもそも所在地も、小田急線の足柄駅は神奈川県小田原市にあるのに対し、御殿場線の足柄駅は静岡県小山《おやま》町と、県境をまたいでいる。いったいなぜ、こうした状況になっているのだろうか。

信号所から昇格した駅

もともと先に存在していたのは、御殿場線のほうだった。その歴史は一九〇一（明治三四）年と古い。しかし、このときは駅ではなく「足柄信号所」であり、旅客の扱いは行なっていなかった。足柄と付けた理由は、この場所から東へ二キロメートルほどの場所にある足柄峠に由来するといわれている。

その後、一九二七（昭和二）年の小田急線開業とともに、小田急線に足柄駅が開設される。駅は当時、足柄村多古《たこ》に位置しており、当初は多古駅とする予定だった。しかし、語呂が悪いと敬遠され、村名の足柄を冠したといわれる。前述の通り、御殿場線には足柄信号所があったが、旅客営業を行なっていなかったため、混乱も起こらないであろうという判断があったようである。

しかし戦時中は軍事輸送ばかりだった国鉄が、一九四七（昭和二二）年に、地元旅客の便を図り、足柄信号所を足柄駅へ格上げしたのである。そのために、足柄駅が二つ存在することになった。小田急相模原駅に改称したときは、軍部の統制下にあったが、戦後は駅名改称への圧力もなく、小田急はそのまま足柄駅として営業を続けてきたわけである。

両駅を間違える人はそういないものの、両駅の間を歩くことに挑戦する人もいる。

〈参考文献〉

『小田急五十五年史』小田急電鉄株式会社編（小田急電鉄株式会社）／『箱根登山鉄道のあゆみ』箱根登山鉄道編（箱根登山鉄道）／『東京地下鉄道千代田線建設史』帝都高速度交通営団編（帝都高速度交通営団）／『小田原市史　通史編（近現代）（現代）』小田原市編（以上、小田原市）／『続まつだの歴史』福田以久生（松田町教育委員会）／『秦野市史研究（第９号）（第27号）』管理部文書課市史担当編、『秦野市史　通史３　近代』秦野市編（以上、秦野市）／『伊勢原の歴史　第７号』伊勢原市史編集委員会編（伊勢原市）／『厚木市史　中世通史編』厚木市秘書部市史編さん室（厚木市）／『海老名市史８　通史編　近代・現代』『海老名市史10　別編ダイジェスト　えびなの歴史ものがたり　下』（以上、海老名市）／『綾瀬市史研究　第６号』『第10号』綾瀬市編（綾瀬市）／『座間市史５　通史編下巻』座間市編（座間市）／『大和市史　ダイジェスト版』大和市役所総務部総務課市史編さん担当編、『大和市史３　通史編　近現代』大和市編（以上、大和市）／『相模原市史　近代資料編』『現代テーマ編　軍都・基地そして都市化』相模原市教育委員会教育局生涯学習部博物館編（相模原市）／『町田市史　上巻』町田市史編纂委員会編、『広報まちだ』政策経営部広報課編（以上、町田市）／『町田の歴史をたどる』町田の歴史をたどる編集委員会（町田市教育委員会）／『狛江市史』狛江市史編さん委員会編（狛江市）／『世田谷区史　下巻』東京都世田谷区編（東京都世田谷区）／『新修　渋谷区史　上巻』（東京都渋谷区）／『小田原市史ダイジェスト版　おだわらの歴史』小田原市立図書館編（小田原市立図書館）／『藤沢市史研究　第30号』藤沢市文書館運営委員会編（藤沢市文書館）／『特急列車と沿線風景』新宿歴史博物館（新宿歴史博物館）／『大山詣り』川島敏郎、『続丹沢夜話』ハンス・シュトルテ、『丹沢今昔　山と沢に魅せられて』奥野幸道、『祖父パーマー　横浜・近代水道の創設者』樋口次郎、『箱根七湯　その歴史と文化』岩崎宗純（以上、有隣堂）／『小田急の駅　今昔・昭和の面影』『箱根登山鉄道１２５年のあゆみ』生方良雄、『鉄道廃線跡を歩く　４』宮脇俊三、『地形図でたどる鉄道史　東日本編』今尾恵介（以上、ＪＴＢパブリッシング）／『小田急よもやま話（上）（下）』加藤一雄（多摩川新聞社）／『小田急電鉄　半世紀の軌跡』三好好三ほか、『江ノ島電鉄&湘南モノレール街と駅の今昔物語』江ノ島電鉄株式会社、湘南モノレール株式会社監修、『風景印かながわ探訪』古沢保（以上、彩流社）／『小田急電鉄　街と駅の１世紀』生田誠（アルファベータブックス）／『遺跡が語る東京の歴史』鈴木直人、谷口榮ほか編著、『消えた駅名』今尾恵介、『鉄道　駅と路線の謎と不思議』梅原淳、『路面電車の謎と不思議』史絵．（以上、東京堂出版）／『鉄道「歴史・地理」なるほど探検ガイド』川島令三、『駅名で読む江戸・東京』大石学（以上、ＰＨＰ研究所）／『幻の人車鉄道　豆相人車の跡を行く』伊佐九三四郎（河出書房新社）／『小田原地方の戦争遺跡』『語り伝えよう小田原の戦争体験』『市民が語る小田原地方の戦争』『撃ちぬかれた本』戦時下の小田原地方を記録する会編（戦時下の小田原地方を記録する会）／『神奈川県謎解き散歩』小市和雄、『江戸幕府の代官』村上直（以上、新人物往来社）／『箱根の山に挑んだ鉄路』青田孝、『小田急電鉄の世界』（以上、交通新聞社）／『箱根人と箱根案内』山口由美（新潮社）／『東京戦後地図　ヤミ市跡を歩く』藤木ＴＤＣ（実業之日本社）／『陸軍登戸研究所と謀略戦』渡邊賢二（吉川弘文館）／『道・湊・鉄道と共に歩む　かながわの街の歴史』小方武雄（技法堂出版）／『路線バスの謎』畑裕介（イーストプレス）／『相州大山』内海弁次、『相模川物語』宮村忠（以上、神奈川新聞社）／『新宿今昔ものがたり　文化と芸能の百年』本庄慧一郎（東京新聞出版部）／『西相模の史話を探る』岩崎宗純ほか編（西湘リビング新聞社）／『はじめてのわかりやすい町田の歴史』堀江泰昭（図書刊行会）／『ふるさとを語る　柿生・岡上のあゆみ』柿生郷土史刊行会編（柿生郷土誌刊行会）／『ふるさと田名のむかし』金井準（相模経済新聞社）／『もうひとつの鎌倉　歴史の風景』石井進（そしえて）／『愛川町の昔と今②』「愛川町の昔と今」出版委員会（神奈川ふだん記グループ）／『鎌倉謎解き散歩』湯本和夫（廣済堂出版）／『軍都郷土史　補遺編』涌田佑（涌田先生の話を聞く会）／『県央史談　第49号』（県央史談会）／『幻の相武電車と南津電車』サトウマコト（230クラブ）／『江ノ電10㎞の奇跡　人々はなぜ引きつけられるのか？』深谷研二（東洋経済新報社）／『小田急沿線の近現代史』永江雅和（クロスカルチャー出版）／『湘南軽便メモワール』渡邊善治（東京図書出版）／『タマケン。知のミュージアム　多摩・武蔵野検定テキスト』社団法人学術・文化・産業ネットワーク多摩（ダイヤモンド社）／『新宿歌舞伎町物語』木村勝美（潮出版社）／『新宿学』戸沼幸一編著（紀伊国屋書店）／『神奈川の鉄道　1872～1996』野田正穂、原田勝正ほか編（日本経済評論社）／『神奈川中央交通』（BJエディターズ）／『震生湖の自然観察』（秦野自然研究会）／『図説日本の城郭シリーズ①　神奈川　中世城郭図鑑』西股総生、松風進ほか（戎光祥出版）／『盛り場はヤミ市から生まれた』橋本健二、初田香成編著（青弓社）／『全国鉄道事情大研究　東京西部・神奈川篇』川島令三（草思社）／『相州大山　今昔史跡めぐり』宮崎武雄（風人社）／『相模・武蔵の大山信仰』関東民具研究会（岩田書院）／『丹沢尊仏山荘物語』山岸猛男（山と渓谷社）／『地図と鉄道省文書で読む私鉄の歩み　関東Ⅰ　東急・小田急』今尾恵介（白水社）／『通勤電車で行く　小田急線全駅ぶらり散歩』（弘済出版社）／『東京　消えた！全97駅』中村建治（イカロス出版）／『東京の路線バスのすべて』加藤佳一（マイナビ出版）／『日本の火山を科学する』神沼克伊、小山悦郎（ソフトバンク・クリエイティブ）／『本土決戦　戦跡ガイド（Part1）写真で見る戦争の真実』小西誠（社会批評社）／『箱根温泉史　七湯から十九湯へ』箱根温泉旅館協同組合編（ぎょうせい）／『日本温泉気候物理医学会雑誌　第43巻第12号』（日本温泉気候物理医学会）／『鉄道ピクトリアル　第49巻第12号』電気車研究会（鉄道図書刊行会）／『環境システム研究　Vol.25』『土木史研究第10号』（土木学会）／『東海大学湘南キャンパス散策ガイドブック～モニュメント編～』東海大学学園史資料センター編（東海大学学園史資料センター）／『専修経済学論集　第48号　第2巻』（専修大学経済学会）／『専修大学社会科学研究所月報　623』（専修大学社会科学研究所）／『DATUMS』（サービスツーリズム産業労働情報開発センター）／『いまどきの町だぬき』（多摩丘陵野外博物館たぬき実行委員会）／『地形図にあらわれた町田市鶴川・玉川学園両地区の変貌』矢沢湊（日本大学付属第三高等学校）／『エアロゾル研究　第24巻第2号』（日本エアロゾル学会）／『海老名市議会会議録』（海老名市議会）

産経新聞／時事通信／神奈川新聞／東京新聞／毎日新聞／日本経済新聞／朝日新聞

〈取材協力〉

小田急電鉄／町田市／松田町／愛川町郷土資料館／秦野市観光協会

〈ウェブサイト〉

小田急電鉄／箱根登山鉄道／江ノ島電鉄／箱根ジオパーク／丹沢大山自然再生委員会／神奈川県温泉地学研究所／箱根町／伊勢原市／愛川町／藤沢市／秦野市／相模原市／相模原市立図書館／麻生区／町田市／狛江市／世田谷区／麻生観光協会／秦野市観光協会／新百合山手街管理組合／泉龍寺／代々木八幡宮／日本テレビ／熊本大学

監修者　**浜田弘明**（はまだ ひろあき）

1957年神奈川県海老名市生まれ。法政大学大学院人文科学研究科地理学専攻修了。現在、桜美林大学人文学系教授。相模原市教育委員会で人文地理担当学芸員として、博物館準備段階から開館後まで２０年間勤務。その後、桜美林大学で博物館学芸員養成科目・文化地理学等を担当する傍ら、相模原市、座間市、海老名市、綾瀬市、大和市、藤沢市、愛川町など、県内の市史・文化財調査にたずさわる。

主な著書として、『米軍基地と神奈川』（有隣堂）、『帝都と軍隊』（日本経済評論社）、『街道の日本史　鎌倉・横浜と東海道』（吉川弘文館）、『１００年前の横浜・神奈川』（有隣堂・いずれも分担執筆）など。監修として『神奈川「地理・地名・地図」の謎』『東急沿線の不思議と謎』『小田急沿線の不思議と謎』『相鉄沿線の不思議と謎』（いずれも実業之日本社刊）がある。

※本書は書き下ろしオリジナルです。

じっぴコンパクト新書　344

JIPPI Compact

小田急沿線《おだきゅうえんせん》ディープなふしぎ発見《はっけん》

2018年5月11日　初版第1刷発行

監修者…………浜田弘明
発行者…………岩野裕一
発行所…………株式会社実業之日本社
〒153-0044 東京都目黒区大橋1-5-1 クロスエアタワー8階
電話（編集）03-6809-0452
（販売）03-6809-0495
http://www.j-n.co.jp/
印刷・製本…………大日本印刷株式会社

ISBN978-4-408-33779-1（第一趣味）